Esta es la primera página
de tu nueva historia...

10% más egoísta. Reescribe tu historia en tus propios términos.

Autoras: Carmen Román, Ph.D. y Rosa Estela Mendoza Díaz de la Vega, MS.

Ilustrado por: Alejandra Díaz y Fernanda Jiménez.

Primera Edición

Julio 2024. San Jose, California, EE. UU.

ISBN: 979-8-9911199-0-0

LCCN: 2024914769

Publicado por Armonía Emocional

Impreso y Hecho en Estados Unidos.

**Armonia Emocional**

# Tabla de Contenido

# Prólogo

*10% más egoísta*, más que un libro, resulta una invitación amorosa para transformarnos en la mejor versión de nosotros (as) mismos (as).

La doctora Carmen Román y la maestra Rosa Estela, de una manera sencilla, compasiva, cariñosa y en momentos divertida, nos invitan a crecer y resolver lo que podemos haber considerado la problemática de nuestra vida.

Como decía, nos toman de la mano y conducen entre reflexiones, fórmulas y cuestionarios por las complejas avenidas del inconsciente, poniendo luz en donde la adversidad había hecho presencia llenándonos de introyectos que de manera negativa nos han limitado muchas veces haciéndonos creer que frases como: "no sé," "no me explico" son realidad y no podemos aspirar a encontrar formas más sanas y contundentes de dirigir nuestra vida y no solo pequeñas frases como estas son las que nos limitan, tal vez muchas más así como actitudes y rasgos de personalidad que restringen nuestra capacidad para reconocernos sin poder encontrar explicaciones claras y precisas que nos hagan saber más de nosotros (as).

Ante esta acumulación de creencias limitantes reducimos la posibilidad de adquirir formas sanas de responder, pensar y sentir.

Las autoras ponen a nuestro alcance su evidente experiencia en el campo de la psicología y el desarrollo humano. Así como su evidente habilidad de comunicar, logrando con ello que, conceptos que en ocasiones nos han presentado de manera rebuscada y sofisticada, desde su voz parecen decirnos: Mira, es tan fácil como llevar a cabo algunas reflexiones y conseguir poco a poco caminar hasta ese sano egoísmo que nos va a permitir hacernos cargo de nosotros (as) mismos (as) abandonando expectativas y apegos que solo han llenado de oscuridad y en ocasiones dolor, ya que nos atrape en una masificación conflictiva, empujándonos a lo que "debemos o tenemos que hacer" en nuestras vidas, para encontrarnos con la toma de conciencia como un camino claro para que la vida nos vuelva a nosotros (as) mismos (as), hacernos cargo del crecimiento que necesitamos y vivir de acuerdo a lo que realmente somos.

Este 10% más egoísta que las creadoras de este modelo no sugieren conseguir con seguridad nos vuelve más nosotros mismos. Reservar un tiempo de nuestra vida para entender y responsabilizarnos de nuestras necesidades y de la manera en que entendemos la vida paradójicamente nos acerca más a los otros a quienes amamos y queremos cerca, pues un 10% más egoísta nos convoca a considerar que el lugar seguro para empoderarnos es en nuestro interior así que resolver desde ahí los conflictos con los otros y conseguir ser líderes de nuestra vida sea resultado de esta fórmula espiritual.

Gracias a la doctora Carmen y a la maestra Rosa Estela por ofrecernos su pluma clara y excitante, gracias por iluminar el camino de regreso a nosotros (as) mismos (as). Gracias por incitarnos a ser 10% más egoístas

Dra. Laura B. Ramos Herrera
Psicóloga con Doctorado en Psicoterapias Existenciales
Autora de *Mujeres que Crecen con Mujeres "El Manual de la Bruja"*

# Dedicatoria

Este libro nació con la idea de empoderar mujeres emprendedoras y que luchan por sus familias y su comunidad. Damos gracias a la Dra. Laura Ramos por su confianza, y las horas de trabajo que ha puesto para convertirnos en autoras. Esta obra se hizo pública gracias a su insistencia y acompañamiento. Desde hacer ediciones, consultorías hasta ir a hacer los trámites necesarios.

Nuestro infinito agradecimiento a Dayle por su trabajo sabio, quieto y permanente, a Rosmary por ser fiel a su idea de mejoramiento en cada detalle, a Alejandra por poner su toque de color y elegancia, a Fernanda por su entusiasmo y alegría que contagia y su dedicación. A toda ellas por su trabajo intenso durante este proyecto. A nuestros maestros disfrazados de alumnos que estudian o que ya se han graduado de este curso y que nos han bendecido con su confianza y disponibilidad para el aprendizaje.

Y ya una vez en el camino, hemos tenido muchos ángeles que con sus alas y sus manitas nos han acompañado con porras, con su trabajo y con su voto de confianza en que sí podíamos. Nuestros corazones se sienten agradecidos por todo esto.

Yo Rosa Estela, estoy profundamente agradecida por la hermosa familia a la que pertenezco, mis hermanas, sobrinos, cuñados y a mis padres que me dieron la vida y su amoroso apoyo para impulsarme siempre a crecer. Por supuesto, agradezco también a mis amigas entrañables que están siempre presentes aún en la distancia. A Carmen, mi hermana del alma, que alguna vez nos prometimos hacer algo juntas y ahora cumplimos la promesa con este manual y con el cultivo de nuestro jardín secreto que se convirtió en un espacio de acompañamiento a personas que desean invertir en su desarrollo personal.

Y yo Carmen, doy gracias a mi maravilloso y paciente esposo Vince Gabrielsen por su incondicional apoyo y amor. Gracias a mi madre por su eterno positivismo, a mis hermanas por su amor incondicional y por mostrarme con su ejemplo la integridad y compasión. A mi sobrino y sobrinas por ser amables, excelentes estudiantes y ser mi inspiración para ser y dar lo mejor. Doy gracias a Cindy y Al por estar al pendiente de qué necesito y apoyar con su conocimiento y amor. Por supuesto, a Rosa Estela por ser mi hermana de alma y ser una amiga amorosa en las horas intensas de trabajo que hemos puesto en este manual, con la esperanza de que tengamos juntas muchas más horas de creatividad, risas y camaradería.

# Introducción

Es un verdadero placer darte la bienvenida a este manual del curso que hemos llamado "*10% más Egoísta*" para apoyar tu crecimiento personal y como líder.

Ante todo, ¡Felicidades por haberte inscrito y dar el paso para profundizar en tu desarrollo personal! Con este programa te guiamos hacia el desarrollo de habilidades que son indispensables para dirigir a tu equipo de trabajo enriquecer tu autoconfianza alcanzar los objetivos que te plantees.

Tus facilitadoras, la Doctora Carmen Román y la Maestra Rosa Estela Mendoza, deseamos que te comprometas profundamente a trabajar contigo mismo(a) y que practiques tus aprendizajes, ya que esa será la llave que te permita entrar a descubrir el GRAN PODER que hay en ti.

Los objetivos que hemos planteado para este programa son:

1. Concientizar a las personas sobre la apertura al cambio.

2. Brindar herramientas emocionales que les permitan estar firmes en su centro para sentirse empoderadas.

3. Valorar el autocuidado como principal herramienta para ser agente de cambio.

Cada tema está enfocado al desarrollo de habilidades específicas, las cuales te impulsarán a ser mejor líder.

Los temas que comprenden este programa y que revisaremos contigo son:

1. Reconocimiento de las necesidades

2. Las bondades del cambio

3. Autoconocimiento: Conocer nuestros puntos ciegos

4. Fenomenología

5. Expectativas contra Aspiraciones

6. Manejo emocional para respetar los procesos

7. Ser compasivos (as) con nosotros (as) mismos (as)

8. Vivir desde tu poder interior

9. El Arte de la autobiografía

10. El lenguaje de la "No Violencia"

11. Tener una práctica espiritual que te sostenga

Gracias por tu interés en seguir creciendo y aprendiendo. Deseamos que este proceso sea un camino de transformación como agente de cambio y como persona comprometida con su propia vida, y que puedas compartir con todas las personas con las que convives, el gran regalo de estar vivo(a).

# 1

# Reconociendo Nuestras Necesidades

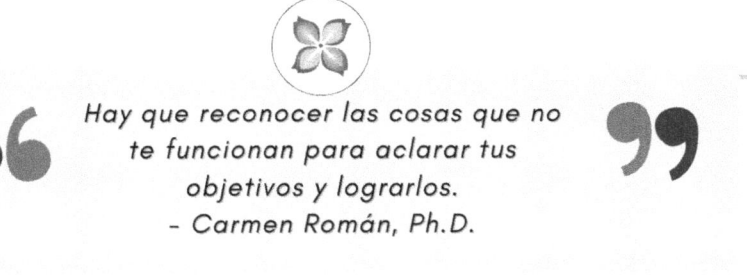

*Hay que reconocer las cosas que no te funcionan para aclarar tus objetivos y lograrlos.*
*– Carmen Román, Ph.D.*

**OBJETIVO:**

Durante este módulo, aprenderás a distinguir las necesidades personales, para cubrirlas.

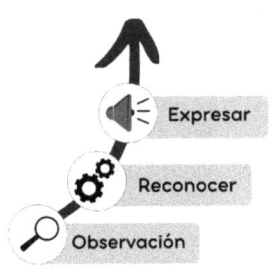

**HABILIDADES:**

Las habilidades que desarrollarás durante este módulo están conectadas directamente con la observación, además de la capacidad de reconocer y expresar tus necesidades.

*Figura 1.3*

## ¿CUÁL ES EL SIGNIFICADO DE LA NECESIDAD?

Todos los seres vivos tenemos necesidades para sobrevivir y para mantener un nivel óptimo de salud y bienestar. Por ejemplo, la necesidad indispensable de agua se presenta en plantas, animales y humanos.

En este curso entenderemos la necesidad como un impulso que surge ante una carencia de un elemento que es indispensable cubrir para vivir en un estado de bienestar corporal, emocional e incluso espiritual.

Este impulso activa la conducta y motivación para satisfacer eso que se necesita.

Es importante reconocer las necesidades propias, ya que son indispensables para la existencia y desarrollo y al no ser satisfechas se pueden observar resultados negativos que afectan el bienestar.

### ¿Qué tipo de necesidades tiene una persona?

Hemos revisado algunos estudios del comportamiento humano para entender el impacto de las necesidades en nuestra vida. Uno de ellos es del psicólogo estadounidense Abraham Maslow, quien categorizó las necesidades humanas según el orden de sobrevivencia.

De acuerdo a su teoría, es importante atender las necesidades en el orden que él sugiere. Con este modelo, Maslow explica qué es lo que mueve intrínsecamente, o lo que es íntimo de la persona, al comportarse de cierta forma.

*Figura 1.4 Modelo de las necesidades según Abraham Maslow, Ph.D.*

Maslow parte de la idea de que los individuos son únicos e irrepetibles, mientras que las necesidades son comunes a todos. A continuación detallaremos cada sección de este modelo, empezando desde la base hasta la punta de la pirámide.

## NECESIDADES FISIOLÓGICAS

Son aquellas básicas para la sobrevivencia y sin su satisfacción el cuerpo humano no podría funcionar de manera adecuada. Ejemplos de las necesidades fisiológicas son el aire, la comida, la bebida, el sueño, la eliminación de substancias tóxicas, el abrigo y el equilibrio de la temperatura corporal.

Maslow consideró que las necesidades básicas son todo aquello que apoyan la sobrevivencia y sin su satisfacción el cuerpo humano no podría funcionar de manera adecuada. Él mencionó el hambre, la sed, y el sexo como indispensables.

Otros investigadores como Douglas T. Kenrick et. al. nos ayudan a reflexionar y ver la complejidad de estas necesidades fisiológicas. Por ejemplo, hablar del hambre es más profundo de lo que imaginamos, ya que no solo es saciarla, sino saber detectar lo que tu cuerpo requiere. Porque a lo mejor sientes hambre y te comes cualquier comida, pero no te estás alimentando. Y es que, estos autores comentan que nuestro cuerpo tiene la capacidad de detectar lo que le hace falta y el cerebro lo presenta a manera de antojos. Es decir, si te hace falta el hierro, el cerebro te puede enviar imágenes o la memoria del sabor de las espinacas y hasta Popeye comiendo.

Nuestro organismo está perfectamente diseñado para hacerse llegar lo que requiere sin que lo estemos haciendo consciente. Sin embargo, son las necesidades de otras jerarquías las que vienen y se mezclan con nuestra hambre, sed o sueño. Si por cuestión social tienes que tener un tipo de figura, tú mismo(a) bloqueas esas señales negociando con tu cuerpo. Un dato muy interesante que Kenrick et. al. plantean, es que durante el embarazo el cuerpo elige o rechaza los alimentos que favorecen el desarrollo fetal.

Maslow también mencionó el sexo como necesidad básica. No obstante, se ha visto que es más una necesidad que responde a otros niveles en la jerarquía. Y sabemos muy bien que nadie se ha muerto o enfermado por no tener sexo. Así que cabe decir que moldeamos nuestros deseos de acuerdo con dinámicas emocionales, sociales, de poder, o espirituales.

Algunos otros ejemplos de las necesidades fisiológicas son:

- El aire

- La comida

- La bebida

- El sueño

- La eliminación de substancias tóxicas

- El abrigo y el equilibrio de la temperatura corporal.

## NECESIDADES DE SEGURIDAD

La satisfacción de la seguridad se refiere a la necesidad de sentirse protegido y estable viviendo en una familia, comunidad o sociedad. Y aunque Maslow sugirió que hay que cubrir una después la otra en su pirámide, habrá momentos en que el orden no va a ser como él lo dijo.

Y estar consciente de esta fluidez es importante para que puedas desarrollar tu autoestima.

Por ejemplo, todos hemos vivido momentos en que nuestra seguridad se ve amenazada y las necesidades fisiológicas pasan a segundo plano. Esto es más evidente cuando nos sentimos inseguros, es decir, si alguien amenaza golpearnos o robarnos o nos sentimos en peligro; comer dormir o ir al baño no serán nuestra prioridad.

Algunos otros ejemplos de las necesidades de seguridad son:

- Tener un techo donde vivir

- Sentirte protegido de las inclemencias del tiempo

- Saber que no van a tomar tus cosas sin tu permiso

- Tener los medios económicos para vivir con tranquilidad

- Contar con espacios limpios y organizados

- Tener rutinas establecidas

## NECESIDADES DE AFILIACIÓN

También conocidas como de amor y pertenencia en otros textos. Maslow agrupó la necesidad de afecto, amor y pertenencia en esta categoría, sugiriendo que no es necesario para la sobrevivencia. Esta necesidad de afiliación comprende el sentido de confianza, intimidad y aceptación del individuo en un grupo, ya sea, familia, amigos o trabajo.

Sin embargo, investigadores como Douglas T Kenrick et. al. discuten que somos seres sensibles al rechazo social, el cual se puede ver reflejado en dolores físicos. Estos autores añaden que al vivir en soledad te evitas estar compitiendo por recursos locales, evitas conflictos sociales y la transmisión de enfermedades.

Las ventajas, según aclaran, incluyen el compartir recursos, conocimientos y adquirir sabiduría de los miembros con más experiencia. Y lo más importante, se crean ambientes de protección para sobrevivir en tiempos difíciles.

Nosotras (Carmen y Rosa Estela) pudimos constatar la necesidad de afiliación en los grupos que formamos durante la pandemia. Donde ante el miedo intenso a morir, estar acompañados y compartir tanto el sufrimiento como experiencias positivas nos hizo más resilientes y con más sentido de hermandad. Las personas que participaron en nuestros grupos estuvieron unidas y pudimos ver menos niveles de ansiedad, vimos menos contagios de COVID-19 en comparación con los clientes en terapia individual y se adaptaron más rápido al cambio comparado con personas que no tuvieron esta oportunidad. Así que puede que en algunas personas domine la necesidad de colaboración sobre la de competencia y que hagan todo lo necesario por pertenecer a un grupo.

Según David McClelland, un psicólogo estadounidense, a estas personas se les puede reconocer porque les inquieta la incertidumbre y evitan altos riesgos como hacer valer su opinión o portarse diferente si esto es contrario a lo que el grupo acepta y esto es con tal de seguir perteneciendo.

Entonces, ejemplos de las necesidades de afiliación son:

- Búsqueda de grupos de amigos

- Refuerzo de lazos familiares

- Generación de intimidad

- La creación de tu propia familia

## NECESIDADES DE ESTIMA

Para Maslow eran importantes dos aspectos: la estima propia y la estima que los demás nos brindan. En la estima propia encontramos el deseo de fuerza interior, logro y dominio. La estima de los demás comprende el deseo de recibir reputación, estatus, reconocimiento por el dominio y gloria.

Según Henrich J. y Gil-White F.J., así como en el reino animal, los seres humanos ganamos reconocimiento social por mostrar fuerza física donde el más fuerte se gana un lugar de respeto, y a diferencia de los animales, nosotros le damos valor al prestigio, el cual se gana por mostrar habilidades e información especiales.

Se pensaba que solo debíamos subordinarnos por miedo al más fuerte, pero la buena noticia es aspirar a ser mejores aprendiendo de quienes tienen habilidades y conocimientos especiales.

Ejemplos de la necesidad de estima:

- Independencia

- Autorrespeto

- Realización

- Prestigio

- Respeto de los otros

- Profesionalización

- Estatus socioeconómico

## NECESIDADES DE AUTORREALIZACIÓN

Estas necesidades se refieren al desarrollo del potencial personal, autorrealización, búsqueda de crecimiento personal y experiencias cumbre. Una persona que llega a esta experiencia de autorrealización es consciente de sí misma y está ocupada en su crecimiento personal sin fijarse en las opiniones de otras personas. La autorrealización podría frenarse si las otras necesidades no están satisfechas.

Ejemplos de la necesidad de autorrealización:

- Perseguir un proyecto personal sin influencias de las opiniones de los demás y buscando actividades que le acerquen a su objetivo.

- Motivación hacia ambiciones personales enfocadas al crecimiento personal.

David McClelland, psicólogo estadounidense, destacado por su labor en la teoría de la necesidad, identificó tres motivadores que creía que todas las personas tienen: la necesidad de logro, la necesidad de afiliación y la necesidad de poder. Las personas tendrían diferentes características dependiendo de su motivador dominante. Según la teoría de las necesidades de McClelland, estos motivadores se aprenden. Esta es la razón por la cual esta teoría a veces se denomina teoría de las necesidades aprendidas.

Resumiendo, cuando atiendes tus necesidades, eres tu propia fuente de satisfacción y te garantizas tu bienestar físico, emocional y espiritual, eliminando enojos, frustraciones y decepciones cuando los demás no cumplen tus expectativas. Recuerda, antes de esperar que los otros cambien, inicia el cambio en ti.

Recuerda hacer tu autorreflexión respondiendo a las preguntas localizadas en el apéndice A para este tema.

## NOTAS

_____

_____

_____

_____

_____

_____

_____

_____

_____

_____

# 2

# Las Bondades del Cambio

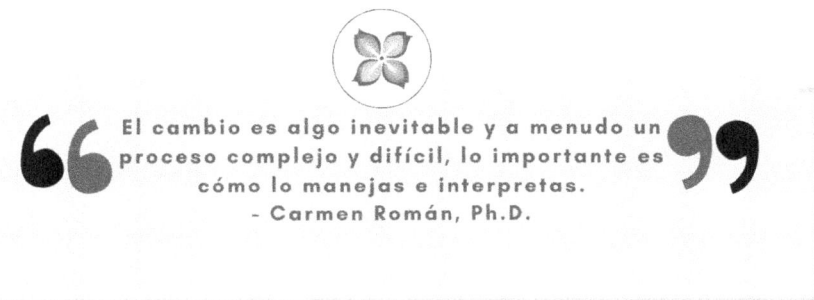

El cambio es algo inevitable y a menudo un proceso complejo y difícil, lo importante es cómo lo manejas e interpretas.
- Carmen Román, Ph.D.

**OBJETIVO:**

Durante este módulo, aprenderás a gestionar el cambio por medio de la colaboración y el respeto de procesos.

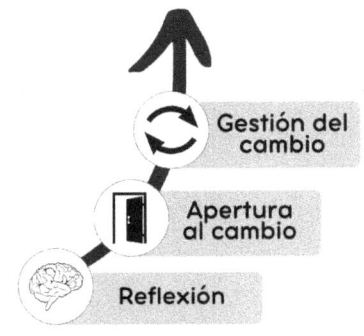

**HABILIDADES:**

Las habilidades que desarrollarás durante este módulo están directamente relacionadas con la reflexión, la apertura al cambio y la gestión del mismo.

*Figura 2.3*

## ¿POR QUÉ HABLAR DEL CAMBIO?

El cambio es un proceso natural e inevitable dentro del cual las personas reaccionan de diferente manera:

Responden con una conducta reactiva y de rechazo al cambio. O bien, adoptan una posición proactiva que las ayuda a adaptarse a las transformaciones con mayor facilidad.

¿Cuál es tu postura frente al cambio?, ¿Cómo lo enfrentas?,

¿Cuáles son tus actitudes y tus respuestas?

Es importante revisar nuestras formas de respuestas ante la vida, ya que ésta nos permite experimentar los cambios desde el momento de ser concebidos y al pasar por las diferentes etapas de desarrollo: infancia, adolescencia, juventud, adultez, y así, el viaje continúa hasta enfrentarnos al gran cambio que es la muerte.

El cambio es una experiencia constante que compartimos con el planeta y todos sus seres vivos. Así que podremos encontrar historias en común con nuestra familia, con nuestros amigos, pareja, compañeros de trabajo, alumnos, etc. Y por supuesto con las personas que ayudamos en la comunidad. Así que, entre más nos adaptemos y apreciemos el cambio, más vamos a ser un apoyo emocional positivo para las personas con que nos relacionamos.

Claro, no nos escapamos de los conflictos que surgen como resultado de la convivencia diaria, pero también tenemos la oportunidad de convertir esos momentos en oportunidades de crecimiento personal, de servicio y plenitud humana.

Entonces: ¿El cambio tendrá sentido?

## ¿QUÉ ES EL CAMBIO?

El cambio es algo inevitable que se va a dar, se quiera o no. Tú puedes ser una persona a la que le gusta lo tradicional y la vida tal como es. Pero todo ha cambiado desde tu infancia y seguirá sucediendo a tu alrededor de manera constante, en ti, en tus hijos, en el trabajo, en tu Estado, en el país y en el mundo entero. Por supuesto, no siempre es fácil ni te agrada, e incluso te puedes resistir, pero no puedes detenerlo.

La forma más sencilla y familiar de definirlo es: Movimiento. Este movimiento genera un proceso de modificaciones que producen diferencias específicas con respecto a la situación actual en el transcurso del tiempo.

Por lo general, lo que promueve un cambio es la desviación con respecto a una norma, es decir, si la temperatura cambia, necesito adaptar mi forma de vestir al clima; si cambio de trabajo, necesito adaptarme al nuevo ambiente: si alguien cercano a mí muere, necesito aprender a no verlo; el paso de la niñez a la adolescencia nos ha hecho vivir un cambio fuerte de consciencia, etc. El cambio no solo es externo, es interno también.

# Proceso de Aceptación del Cambio

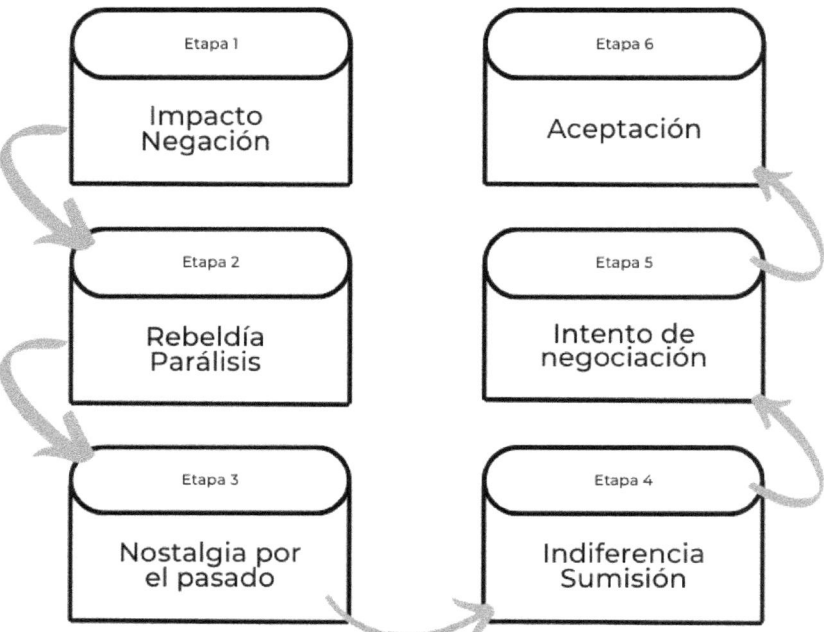

*Figura 2.4 Proceso de aceptación del cambio según Elizabeth Kubler Ross*

## ¿POR QUÉ HABLAMOS DE LAS BONDADES DEL CAMBIO?

En esta época de cambios continuos, la capacidad para cambiar ha llegado a ser la única determinante de supervivencia. El cambio es equivalente a la vida, la vida es cambio y cambiar es signo de vitalidad. No se trata, desde luego, del cambio por el cambio o de cambiar porque está de moda. Más bien es el cambio que produce evolución, que hace que la persona crezca y madure. Ejemplos de esto puede ser el adaptarse a la tecnología, tratar comidas nuevas, experimentar aventuras que no nos habíamos atrevido antes, crear una receta nueva o vestirnos de colores que antes no usábamos. Cuando hacemos cambios, se crean nuevos caminos en nuestro cerebro y eso hace que nuestro cerebro tenga más flexibilidad para añadir conocimientos nuevos en el futuro. Al apreciar y hacer cambios conscientes, se gana vitalidad.

La persona vital es aquella que tiene la capacidad de vivir y procurarse nuevas experiencias, nuevos valores, estilos y formas de vida congruentes con sus deseos y posibilidades, esto implica un crecimiento personal.

ESTE CRECIMIENTO ESTÁ CONFORMADO POR TRES ASPECTOS:

1. Conocimiento de ti mismo(a), ir en busca del ser auténtico que eres.

2. Aceptación de tus polaridades. Conocer y abrazar tus formas de ser que te son difíciles de aceptar es tan importante como conocer y abrazar las que te son agradables. Una vez que vivas tu autenticidad aceptándote tal cual eres, sin adornos y sin engaños, te será más fácil creer en ti mismo(a) y depositar tu fe en quién eres.

3. Atreverte a ver, reconocer, aceptar, actuar y ser lo que verdaderamente eres. Esto es, congruencia entre nuestra realidad interior y exterior.

El crecimiento personal nos lleva a vivir y actuar de acuerdo con los más profundos intereses y facultades que transforman nuestra misión o vocación. Es decir, cumplir con uno mismo(a). La vida está constituida por polaridades que se necesitan mutuamente, es decir, no puede haber arriba, sin abajo; norte, sin sur; luz, sin oscuridad; bueno, sin malo; placer, sin dolor. Esto es lo que integra la armonía del universo.

No obstante, el ser humano con frecuencia sólo acepta el polo positivo de la vida y huye de lo que se considera negativo. Al negar aquello que siente malo o indeseable, priva a la vida de sus aspectos positivos, puesto que rompe con la armonía. Con esto, el ser humano frena su propia autorrealización y el cumplimiento de sí mismo y de su crecimiento personal.

## ¿CÓMO PODEMOS GESTIONAR EL CAMBIO?

Sabemos que el cambio es algo inevitable y a menudo un proceso complejo y difícil, lo importante es cómo lo manejas e interpretas. Para poder darle un sentido de aprendizaje, queremos proponerte un modelo que apoya ese objetivo y este es el modelo ADKAR. Este modelo considera que, para que el cambio ocurra a nivel de un grupo, necesitamos comenzar a nivel individual. El modelo ADKAR fue creado por Jeffrey Hiatt de la organización Prosci en Colorado, USA.

Te explicaremos en qué consiste. ADKAR (ADCAR en español) es un acrónimo que representa cinco resultados que una persona necesita lograr para que el cambio se realice con éxito. Observa el siguiente esquema:

*Figura 2.5 El modelo ADKAR fue creado por Jeffrey Hiatt.*

Cada uno de los resultados que se definen necesitan irse logrando en orden, ya que para que el cambio se dé necesitas lograr primero consciencia:

A: Identificar por qué es necesario el cambio

D: Descubrir si se está motivado para realizar el cambio

K: Saber cómo realizar el cambio

A: Reconocer si se tienen las habilidades necesarias para el cambio

R: Promover acciones para mantener el cambio

Es importante considerar que se presentarán obstáculos para realizar los cambios, como son:

• El temor a hacer algo diferente o a fracasar

- El confort de hacer las cosas como ya sabemos hacerlas

- Pensar que el cambio no es posible

- Temores sobre lo que puedan decir los demás

- Escasa confianza en nuestras capacidades

- Creer que las cosas deben permanecer de la misma manera para siempre.

## PERSONALIDAD PARA EL CAMBIO

Todo lo que hemos revisado en esta lectura requiere que te abras a descubrir capacidades en ti que quizás no utilizas o que puedes desarrollar aún más. Mira las capacidades en el siguiente esquema:

*Figura 2.6 Capacidades para el cambio*

Para esto existe el modelo de Indagación Apreciativa (Appreciative Inquiry o AI en Inglés) que es un proceso y una metodología que promueve el cambio, aumenta las fortalezas y las convierte en hábitos, además de promover el crecimiento, la esperanza y la motivación definida por sus creadores David L. Cooperrider y Diana Whitney en el libro *Appreciative Inquiry: A Positive Revolution in Change*. Y que ayuda a conocer fortalezas y debilidades; a hacer un plan de acción; innovar y dar seguimiento a los sueños.

# Indagación Apreciativa

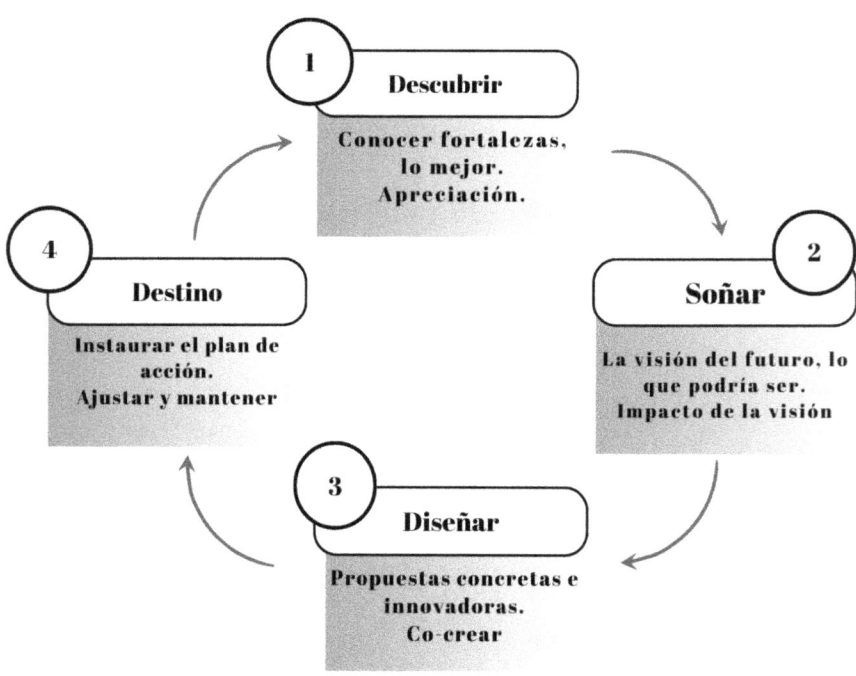

*Figura 2.7 Indagación Apreciativa según los doctores David L. Cooperrider y Diana Whitney*

Recuerda hacer tu autorreflexión respondiendo a las preguntas localizadas en el apéndice A para este tema.

## NOTAS

_____

_____

_____

_____

_____

_____

_____

_____

_____

_____

_____

# 3

# Autoconocimiento

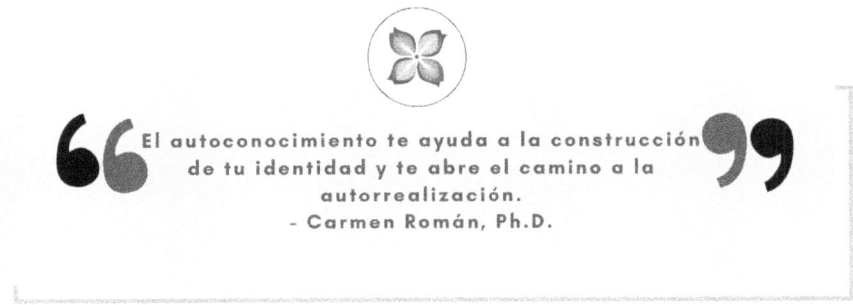

El autoconocimiento te ayuda a la construcción de tu identidad y te abre el camino a la autorrealización.
- Carmen Román, Ph.D.

OBJETIVO:

El participante identificará su proceso continuo de desarrollo para decidir acertadamente cómo y cuánta energía destinar al bien común.

HABILIDADES:

Las habilidades que desarrollarás durante este módulo están conectadas directamente con la autoobservación, el innovar y la responsabilidad.

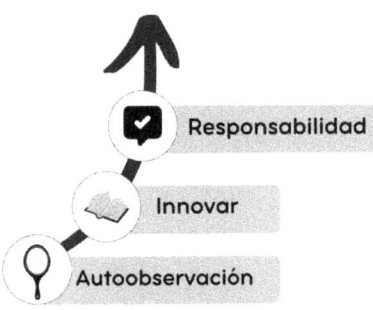

*Figura 3.3*

## EL SIGNIFICADO DEL AUTOCONOCIMIENTO

Es una habilidad que tienes para descubrir tus puntos fuertes, cualidades, defectos y todo aquello que te distingue de otras personas. Es importante que te des cuenta de que, para tener una fuerte autoestima es fundamental el autoconocimiento, entre más te conozcas más consciente serás de toda la fortaleza que tienes para salir adelante.

En el ámbito de la psicología y del desarrollo personal se maneja el autoconocimiento como una capacidad de introspección que tiene una persona para reconocerse como individuo y para poder diferenciarse de los demás. En este sentido, el autoconocimiento te ayuda a la construcción de tu identidad personal. En pocas palabras, el autoconocimiento es una llave que abre el camino a la autorrealización.

## ¿QUÉ PASA CUANDO NO ME CONOZCO?

No conocerte te lleva a menospreciar quien eres y a vivir comparándote con otras personas y desear ser alguien más, esto es algo que por educación familiar o cultural podemos aprender. Entonces, todos tenemos áreas de oportunidad que necesitamos pulir, si comienzas a ver tus debilidades como oportunidades de crecimiento, puedes estresarte menos y darte cuenta de que siempre hay algo nuevo que aprender. Puede ser difícil de pronto verte tal cual eres y tal vez te cueste trabajo aceptar que también te equivocas o que no lo sabes todo. Cuando te das la oportunidad de aceptarte ampliamente, te abres a la posibilidad de descubrir la gran riqueza que hay dentro de ti.

Puede que al principio te sea abrumador ver tus propias debilidades y resistir la tentación de criticarte o juzgarte. Una razón podría ser que te comparas con otras personas de una manera que salgas perdiendo. Y esto porque culturalmente se te ha enseñado que superar a otros es el único camino al éxito. Por ejemplo, sacar mejor calificación que tus primos, lograr ese puesto que tu papá ha logrado o que nunca logró. Esto es con la buena intención de que el miedo te motive a hacer o ser mejor. Y así ya estás en el camino del estrés o la ansiedad. De tal manera que si logras ese puesto o esa mejor calificación fue a un precio alto emocionalmente. Y hasta puede ser que te perdiste de tu forma auténtica y de definir el éxito según tus necesidades y capacidades.

Autoconocerte, entonces, es poder desaprender esta forma de entrar en miedo y pánico para poder hacer los cambios necesarios en tu vida. Hoy te queremos sugerir que hagas esta transformación desde la autocompasión y desde el amor propio.

Al autoconocerte, abres la ventana a las oportunidades, desarrollar formas de pensar nuevas y tener éxito en cosas que realmente a ti te importan.

## ¿POR QUÉ ES IMPORTANTE DESARROLLARLO?

El autoconocimiento te permite valorarte y aceptar tus errores con paciencia y aprender de ellos. Esta habilidad es un proceso continuo, siempre estás descubriendo cosas nuevas en ti y esto te permite experimentar equilibrio interior y armonía emocional.

Platón, filósofo griego, remarcó la importancia de conocernos a nosotros mismos pues consideraba que esta era la base para acceder a la sabiduría.

Para hacer fuerte tu autoestima requieres practicar seis pilares, según el Dr. Nathaniel Branden, un psicólogo canadiense- americano, que explica en su libro *Los seis pilares de la autoestima*, que a continuación te mostramos en este esquema:

# Los 6 Pilares de la Autoestima

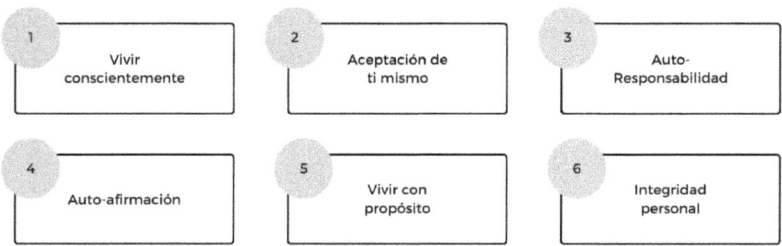

| 1 Vivir conscientemente | 2 Aceptación de ti mismo | 3 Auto-Responsabilidad |
|---|---|---|
| 4 Auto-afirmación | 5 Vivir con propósito | 6 Integridad personal |

*Figura 3.4 Los seis pilares de la autoestima según el Dr. Nathaniel Branden*

**Te explicamos en qué consiste cada uno de los pilares:**

1.- Vivir conscientemente. Que sugiere que vivas atento(a) a tus decisiones y seas proactivo(a) para reconocer y enfrentar tus problemas. Además de saber tus debilidades y fortalezas.

2.- Aceptarse a sí mismo(a). Que sepas reconocer y perdonar tus debilidades y defectos, haciendo un esfuerzo para enfocarte en las fortalezas y los logros de tu vida.

3.- Autorresponsabilidad. Tener la habilidad para responder es hacerte cargo de las consecuencias de tus acciones. Dejar de culpar a los demás o a la vida por lo que te pasa. No vivir la vida pasivamente, sino actuar para lograr lo que deseas. Y por supuesto, eres capaz de reconocer lo que no está bajo tu control.

 4.- Autoafirmación. Significa conocer, valores y deseos. No pasas por encima de ellos por agradar a otros y para sentir que eres aceptado(a). Te muestras como eres, sin imponer tus ideas, más bien vives con asertividad en tus relaciones personales.

 5.- Vivir con propósito. Hay claridad en ti de lo que quieres lograr y desarrollar en tu persona, esto te permite tener la seguridad de que, vivir feliz depende de ti y que no es cuestión del destino. Cuando tienes un propósito definido, utilizas tus fortalezas para lograr aquello que te llena de satisfacción.

 6.- Integridad personal. Este aspecto se refiere a la coherencia que existe entre tus valores y actos, comportarse con integridad implica una congruencia entre tus deseos, valores y formas de ver el mundo.

La integridad, como los demás pilares, está íntimamente relacionada con tu autoestima. Esta se verá afectada si te olvidas de tus convicciones.

## CONOCIENDO TUS PUNTOS CIEGOS

Los puntos ciegos se conocen como la sombra, que es una parte poco conocida y es algo que no se quiere ver. Esta sombra está constituida por todo aquello que ha quedado en el inconsciente, bueno o malo. Por ejemplo, experiencias negativas, de traumas pasados, formas de ser que consideras que no deberías tener. Para descubrir tu sombra fíjate en las cosas que no te gustan de los demás, todo aquello que te causa dolor y no entiendes por qué.

Quizás has escuchado la frase de "lo que resistes, persiste" o como decían las abuelas, "lo que no puedes ver, en tu casa lo has de tener". Para finalizar, te invitamos a que tengas la valentía para ir descubriendo con autocompasión el gran ser humano que eres en todos sus matices.

Recuerda hacer tu autorreflexión respondiendo a las preguntas localizadas en el apéndice A para este tema.

## NOTAS

_____

_____

_____

_____

_____

_____

_____

_____

_____

_____

# 4

# Fenomenología

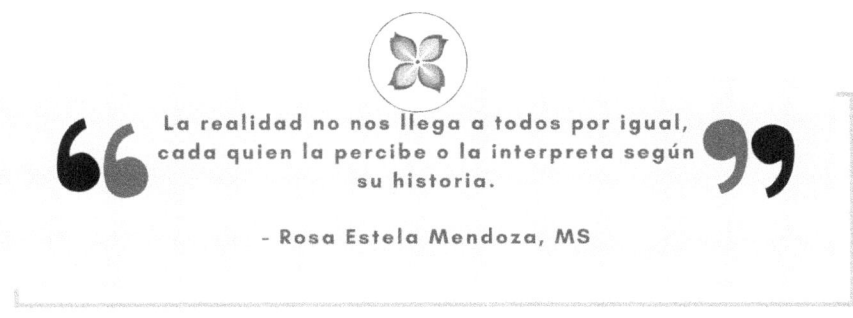

La realidad no nos llega a todos por igual, cada quien la percibe o la interpreta según su historia.

- Rosa Estela Mendoza, MS

OBJETIVO:

Durante este módulo, aprenderás a reconocer cómo tu percepción puede estar limitada por tus creencias, y permitir que el conocimiento se desarrolle en ti para crear relaciones interpersonales sanas.

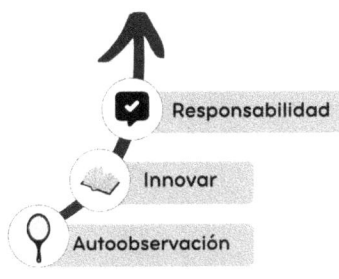

Figura 4.3

HABILIDADES:

Las habilidades que desarrollarás durante este módulo están directamente relacionadas con la investigación, la profundización, la reflexión, y el cuestionamiento.

## EL SIGNIFICADO DE LA FENOMENOLOGÍA

Según el diccionario, la palabra fenomenología se divide en dos: "fenómeno" (apariencia o manifestación) y "logos" (el estudio de). Entonces, fenomenología es el estudio de cómo los sentidos captan las cosas y los eventos en la vida diaria. Es decir, cuando entras en contacto con una cosa o un evento, se genera una experiencia, y la fenomenología estudia la estructura de esa experiencia.

Algunos tipos de experiencia son, la sensación, la emoción, la percepción, el pensamiento, la memoria, la imaginación, el deseo y la voluntad. Entendemos la sensación como la información que se recibe por medio de los sentidos; la emoción como la energía que surge y que lo hace sin nuestro permiso; la percepción como la organización interna y selectiva de la información recibida por los sentidos; el pensamiento como la representación interna de un objeto o idea; la memoria como un pensamiento o sentimiento del pasado; la imaginación como la representación activa de algo que puede existir o no en el mundo de afuera; el deseo como el motivo que informa a nuestra acción; y la voluntad como la decisión para actuar.

Aprender a aceptar las cosas y los eventos tal y como son requiere intención y apertura para manejar emociones y pensamientos, y permitir que la situación, la cosa o el evento se manifiesten. El filósofo alemán Heidegger en su libro *Ser y tiempo* (*Being and Time*, 1927) define la fenomenología como "el arte o la práctica de dejar que las cosas se muestren por sí mismas."

## ¿DE DÓNDE SURGE LA FENOMENOLOGÍA?

Es un concepto que fue bautizado de la filosofía que en 1900 por el filósofo y matemático alemán, Edmund Husserl. En realidad, el concepto y la práctica ya se utilizaban por filósofos de siglos pasados. Lo que hace a

Husserl el fundador de la fenomenología trascendental, que es ante todo un proyecto de renovar la filosofía para hacer de ella una ciencia estricta.

Como forma de entender la filosofía, la fenomenología asume la tarea de describir el sentido que el mundo tiene para nosotros. Johann Heinrich Lambert, matemático y filósofo suizo, utilizaba este término para explicar cómo distinguir entre la verdad, la ilusión y el error. Otros filósofos importantes en este tema son Heidegger, Sartre y Merleau Ponty, quienes vinieron a profundizar las ideas de Husserl.

Te pedimos que revises el siguiente esquema, que es un resumen de las ciencias que se relacionan con la fenomenología.

*Figura 4.4 Fenomenología en Relación a la Filosofía según David W. Smith*

## ¿POR QUÉ ES IMPORTANTE CONSIDERAR LA FENOMENOLOGÍA?

La fenomenología nos invita a poner atención a la forma en que percibimos y como ésta es diferente de la realidad. Si pensamos en las calles de una ciudad y las vamos caminando, a veces el mapa en nuestro teléfono no refleja algunas esquinas o calles. Y así pasa con los eventos que vivimos. A veces, nuestro cerebro capta solo un porcentaje de los sonidos, colores, olores y sabores que nuestro cuerpo percibe, y nosotros pensamos que lo vimos y lo supimos todo.

La fenomenología es un recordatorio de que la forma en que yo percibo un evento o un objeto no es la misma en que tú la percibes. Pongamos por ejemplo un trompo, al ver este trompo a mí me trae recuerdos de mi niñez y de cómo yo jugaba con él por horas, pienso en mis amiguitos y en los trompos que me regalaron mis papás. Pero para ti o para otra persona puede traer recuerdos diferentes.

Simplemente en nuestra cultura de habla hispana cuando hablamos de enchiladas, cada una se imagina el platillo de acuerdo con su país de origen. Solo que por practicidad no vamos describiendo en detalle el platillo o nuestras experiencias cada que ordenamos enchiladas en un restaurante.

Por conveniencia y a veces sobrevivencia agrupamos experiencias y le asignamos una palabra común, creando así lenguajes y conceptos locales, y si nos detenemos a pensar, una misma experiencia va a ser muy diferente para cada uno de quienes la viven. Hay que considerar que la otra persona vive diferente la situación, nos ayuda a cuestionarnos en nuestras conclusiones, nos ayuda a estar abiertos a la verdad y nos ayuda a prevenir errores de ilusión.

## ¿EN QUÉ ME AYUDA SABER DE FENOMENOLOGÍA Y CÓMO APLICARLA EN MI VIDA?

La vida te invita a diario a que despiertes tus sentidos, es decir, a utilizar tu capacidad de saborear cada minuto, poniendo atención en lo que haces, en lo que comes, con quien convives, para que todo esto se vuelva una experiencia enriquecedora y de aprendizaje. Recuerda que solo tienes el presente para ser aprovechado.

Es importante que te cuestiones sobre la calidad de vida que te vas generando, ya que eres responsable del resultado. Una vez que te cuestionas, puedes reflexionar sobre los cambios que puedes hacer para estar mejor; puedes investigar cómo puedes generarte opciones nuevas, como lecturas, ejercicios, nueva alimentación, etc. y profundizar en lo que vaya dándote mayor claridad en tu observación de lo que acontece en tu vida.

Entonces, una manera de aplicar la fenomenología es darte cuenta de cómo vives los sucesos y qué haces con lo que te sucede. Puedes enojarte, entristecerte o aceptar la vida cómo es y buscar la manera de sacar provecho al aprendizaje que se encierra en tus experiencias. Vives una vida genuinamente humana, cuando verdaderamente pones atención en cuidar tus necesidades y encontrar soluciones a tus problemas. En resumen, la práctica de la fenomenología es a través de tres métodos: describir, interpretar y analizar.

En pocas palabras, la fenomenología te ayuda a encontrar los "para qué" de tu vida, a ser un buen observador(a) y, por lo tanto, a responsabilizarte, es decir, tener la habilidad para responder en tiempo y forma. Además, te permite crear una vida más libre de juicios, de opiniones no solicitadas, una claridad de cómo, en qué y con qué ayudar a otros.

## LA FENOMENOLOGÍA EN TUS RELACIONES INTERPERSONALES

Todos nos relacionamos con los demás, es decir, somos seres sociales por naturaleza. En todas las relaciones, pero especialmente cuando no hay compatibilidad con alguien, el estar consciente de que esa persona es diferente te ayuda a entender, respetar para no entrar en competencia y poder seguir tu vida en paz sin conflictos sociales. Serás más feliz cuando entiendas que no es lo que la otra persona te hace, sino cómo lo describes, lo interpretas y lo analizas. Así, estarás consciente de los calificativos que le das. Para finalizar, sospecha de que lo que ves y escuchas, no necesariamente es la realidad. Recuerda: El mapa no es el territorio.

Recuerda hacer tu autorreflexión respondiendo a las preguntas localizadas en el apéndice A para este tema.

## NOTAS

_____

_____

_____

_____

_____

_____

_____

_____

_____

_____

# 5

# La Historia que nos Contamos

> La vida es un tejido de experiencias vividas.
> Tienes el poder de elegir que colores y
> texturas usar. Tú eres el creador de tu vida.
> - Rosa Estela Mendoza, MS

OBJETIVO:

Que a través de esta lectura puedas diferenciar la importancia de reflexionar, tener apertura y esperanza para diseñar una nueva visión de tu vida.

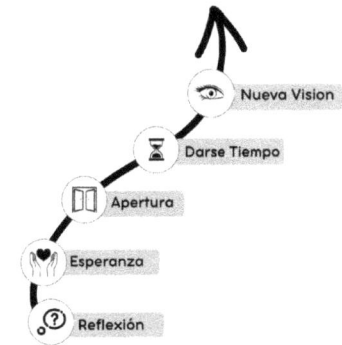

Figura 5.3

HABILIDADES:

Las habilidades que desarrollarás durante este módulo te ayudarán a crear una nueva visión, llena de esperanza y reflexiones, mientras que aprendes a darte el tiempo necesario para darle apertura a nuevas oportunidades.

## LAS HISTORIAS QUE ME CUENTO

Queremos invitarte a que te des un momento para reflexionar: ¿Cómo llegué a ser la persona que soy? Eres producto de una historia familiar, la cual se ha desarrollado a través del tiempo dentro de un contexto social e histórico. Esto ha dado como resultado aprendizajes en ti de formas de ser, creencias familiares, comportamientos, valores que matizan tus formas de ver la vida.

Según Shamash Alidina en su libro *Vencer el estrés con mindfulness*, (2015) al conocer a una persona te haces un juicio y conforme avanza la relación seleccionas los detalles que confirman lo que piensas de esa persona. Y con esas ideas preconcebidas podrías cerrarte a conocerles realmente, según confirma Marshall B. Rosenberg, autor del libro *Comunicación no violenta: un lenguaje de vida* (2015). Y así, corres el riesgo de darle mayor peso al etiquetar, comparar, exigir y emitir juicios de los demás en lugar de poner atención a lo que necesitas y sientes.

Así como lo puedes hacer con los demás, también creas historias de ti seleccionando solo lo que combina con tu autoconcepto. Cuando alguna nueva información no combina con el concepto que te has formado, podrías sentir irritación y confusión. Porque esas emociones son dolorosas, la forma más rápida de eliminar esa incomodidad es seleccionando solo aquellas piezas de la nueva información que combinan con lo que crees de ti mismo(a). Así, vas distorsionando tu propia historia y la vas creyendo sin cuestionarte.

Cuestionarte la historia distorsionada que has creado de ti, requiere darte tiempo para la reflexión, voltear la mirada hacia tu interior con paciencia y compasión, reconocer tus puntos ciegos y los juicios que has construido de ti a través de los años. Así podrás observar lo que verdaderamente eres.

Para desarrollar tu nueva historia y por tanto una nueva visión de hacia dónde vas, necesitas vivir con apertura y dar cabida a la esperanza.

## ¿Qué es la esperanza?

De acuerdo con el psicólogo Norteamericano Charles Richard Snyder (1994), la esperanza es la suma de la fuerza de voluntad (willpower) y la ruta del poder (waypower) que tienes para tus objetivos. Snyder define un objetivo como cualquier objeto, experiencia o resultado que imaginamos y deseamos en nuestras mentes. Es decir, es algo que deseas obtener (un objeto) o alcanzar (un logro). Y tus objetivos pueden ser a corto o largo plazo.

Para los objetivos simples y a corto plazo o para aquellos que tienes seguridad de lograr, la esperanza no es un ingrediente indispensable. Ante objetivos a mediano o largo plazo que no tienes seguridad de alcanzar o donde existen elementos fuera de tu control, es necesario generar la esperanza.

Mientras tu vida fluye con facilidad vas usando los conocimientos ya adquiridos, es cuando se te presentan obstáculos que vas a necesitar un alto nivel de esperanza. Y para ello es importante aprender cuáles son los componentes que la conforman: Fuerza de voluntad y ruta del poder. Veamos en qué consiste cada uno de ellos.

## Fuerza de Voluntad

La fuerza de voluntad, como la define Snyder "es la reserva de determinación y compromiso a los que podemos llamar para movernos hacia la dirección del objetivo. Y está llena de pensamientos como 'Yo puedo', 'lo intentaré', 'estoy listo para esto', o 'tengo lo que se necesita'." (Snyder, 1994, #21)

De esta manera, la fuerza de voluntad te ayuda a iniciar y mantener la acción hacia tu objetivo y se activa cuando tienes claridad en este. Tu voluntad se alimenta de experiencias de éxito previas, así que quienes han pasado dificultades y han aprendido tendrán más idea de cómo activar su fuerza.

## Ruta del Poder

"Es la capacidad mental a la que podemos llamar para decidir cuáles caminos son más efectivos y eficientes para llegar al objetivo" (p. 23) según Snyder. Por lo tanto, la ruta del poder refleja el mapa mental del pensamiento esperanzador. Se te presenta la oportunidad de crear rutas de poder cuando tienes problemas más complejos o donde la ruta original no te funciona. Las personas que tienen más flexibilidad mental, capacidad de planeación, y que han tenido éxito antes son más capaces de crear nuevas rutas de poder.

Retomando la idea de generar esperanza y buscando fortalecerla, podrías considerar lo que Snyder encontró en sus investigaciones: Los dos componentes son indispensables, aunque tener un alto nivel de fuerza de voluntad facilita el crear nuevas rutas de poder no es una garantía. Es necesario estar consciente que fomentar los dos aspectos, tanto la fuerza de voluntad como la creación de nuevas rutas de poder son indispensables.

Un alto nivel de esperanza es necesario cuando pasas por tiempos difíciles. Así que para crear esperanza ayuda mucho que tengas una fotografía mental o impresa de tu objetivo. Este es el mecanismo por el que sí funcionan los mapas de los sueños. También ayuda que tengas una imagen que represente tus motivos, por ejemplo, una fotografía de tus familiares o amigos por quienes estás queriendo lograr ese objetivo, además de por ti mismo(a).

Quienes ya han tenido éxito antes, tendrán las herramientas para generar esperanza ante nuevos retos. Ahora es importante distinguir lo que no es la esperanza. Según Snyder no es:

1. Un optimismo aprendido o una actitud de Pollyanna.

2. El producto de una personalidad agresiva que quiere lograr sus objetivos a toda costa.

3. El producto de la confusión.

4. Una emoción.

5. La autoestima en sí.

6. Inteligencia.

7. Logros previos.

## ¿Qué es la apertura?

Es una disposición a ideas o experiencias diferentes, estando conscientes de que nos transformamos en la relación con el mundo exterior. Regalarte el tiempo para que un evento o una experiencia se muestre ante ti tal como es, sin que te sientas con la prisa de clasificarlo o entenderlo con ideas preconcebidas.

Una idea preconcebida, por ejemplo, es pensar que la lluvia es buena o mala, basada en lluvias pasadas, sin realmente experimentar los olores y los sonidos de la lluvia del día de hoy.

Cuando conoces a una nueva vecina y te enteras de que se llama Petra, traes a tu mente imágenes de todas las Petras que conoces y con simplemente decirle hola, puede ser que le adjudiques en tu mente una historia que no le corresponde. Así, todos los días te relacionas con tus personas queridas, solo que tus ideas vienen a tanta velocidad que ya no lo notas. Por eso es importante conocer qué hay detrás del comportamiento de una persona, porque a lo mejor la ves que está molesta y ya no investigas qué es lo que verdaderamente le pasa. Tal vez se ve molesta y lo que experimenta es tristeza. Lo importante es que tengas interés por conocer a las personas.

En pocas palabras, una persona abierta es curiosa, receptiva, espontánea y dispuesta a aprender una forma diferente de ver la vida. Como líder, tu apertura es un pilar fundamental para que escuches con empatía y respeto a otros.

## LA IMPORTANCIA DE DARTE TIEMPO

El ritmo ajetreado de la vida te hace creer que vivir haciendo cosas para tener lo que necesitas es lo primordial para estar bien y ser feliz. Sin embargo, hay algo que podrías olvidar al llenarte de actividades y es darte tiempo para estar contigo, para hacer una pausa y reflexionar sobre lo que verdaderamente quieres y necesitas. Darte tiempo es brindarte espacio para disfrutar de tu propia compañía para permitirle a la creatividad que se haga presente.

En su libro, *El camino del artista*, Julia Cameron (2021) sugiere que tengamos una cita con nuestro artista interno, ella lo define así: "Es una parte de tu tiempo (por ejemplo, dos horas a la semana) reservada y enfocada solo para alimentar tu conciencia creativa, a tu artista interior" (p. 24). Con esto ella sugiere que salgas de casa y visites una galería, vayas al parque o que camines por la naturaleza, lo importante es que lo que decidas lo hagas solo(a), ya que lo más importante es establecer este tiempo para estar en tu compañía.

## PONLE ESPERANZA Y APERTURA A TU NUEVA HISTORIA

Recuerda que la esperanza conlleva acción, la apertura requiere disposición a ver algo diferente a lo que ves y, darte tiempo es permitirte estar en tu compañía.

En el momento que te das cuenta de que necesitas una historia nueva porque la vieja ya no te funciona, requerirás hacer uso de diferentes herramientas o, como en la cocina, sería el uso de ingredientes novedosos para crear una receta muy creativa. Esta receta sería muy personal, ya que necesitas identificar la cantidad de esperanza, apertura y el tiempo contigo que requieres para hacer una nueva versión de ti.

Para iniciar, identifica los ingredientes que quieres integrar a tu receta. Por ejemplo, cuáles son tus fortalezas, pasiones, anhelos o deseos. Reflexiona acerca de con qué te motivas para levantarte en las mañanas, cuáles son tus necesidades no cubiertas, aquellos cambios que ya has hecho o los que te faltan por hacer. Identifica lo que sí te permites hacer diferente y lo que no, por ejemplo, cuando te quieres dar un gusto y luego piensas "está muy caro" o que quieres ir solo(a) de viaje y no te atreves por miedo o porque sientes que sería egoísta. Revisa lo que crees que es posible para ti y lo que piensas que está fuera de tu alcance. Analiza qué tanta flexibilidad y compasión tienes para ti.

Una vez que tienes el inventario de tus ingredientes, requieres descubrir qué aspectos de tu historia quisieras enriquecer o cambiar. Y a partir de ahí, empezar a cocinar tu nueva vida. ¡Ahora sí! Es tiempo de preparar, mezclar y cocinar a fuego lento tu receta única y te sugerimos poner la música que más te gusta mientras lo haces. Una vez terminada tu receta podrás compartir el resultado con los seres que te rodean.

Y una cosa más, ¿Qué tanta sal le pondrás a tu vida de aquí en adelante para que tenga la sazón adecuada y puedas disfrutarla a plenitud?

Recuerda hacer tu autorreflexión respondiendo a las preguntas localizadas en el apéndice A para este tema.

## NOTAS

_____

_____

_____

_____

_____

_____

_____

_____

_____

_____

# 6

## Manejo Emocional Para Respetar los Procesos

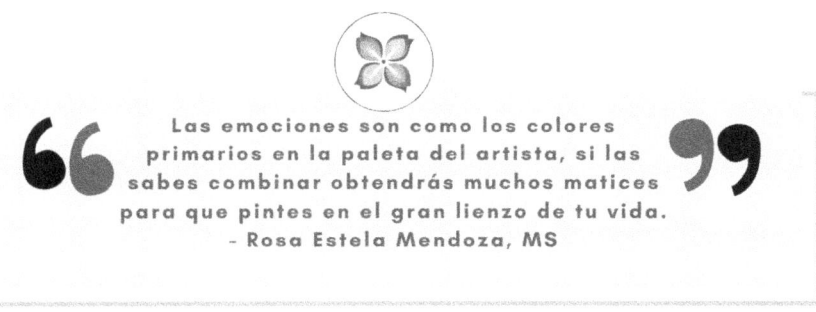

> Las emociones son como los colores primarios en la paleta del artista, si las sabes combinar obtendrás muchos matices para que pintes en el gran lienzo de tu vida.
> — Rosa Estela Mendoza, MS

**OBJETIVO:**

Observar la interacción dinámica entre tus emociones, conducta y éxito en tus relaciones interpersonales y reconocer la importancia de tu inteligencia emocional como el fundamento para relacionarte con el mundo y contigo mismo(a).

Figura 6.3

**HABILIDADES:**

Las habilidades que desarrollarás durante este módulo te ayudarán a lograr empatía y motivación, mientras trabajas en tu autorregulación y autoconciencia.

## DEFINIENDO LAS EMOCIONES

Hablemos de un tema apasionante, las emociones. Estas son la energía que te mueve de muchas maneras y por esta razón es tan importante que las reconozcas y aprendas a manejarlas, aunque en ocasiones éstas te lleven al dolor o a la tristeza. Todas las emociones tienen una razón de ser en el momento que las sientes, cada una tiene una función importante en tu vida.

Comencemos por revisar algunas definiciones de expertos en este tema. Uno de ellos es Daniel Goleman, psicólogo, periodista y escritor estadounidense, autor del libro *Inteligencia emocional* (1995). En éste describe a las emociones como impulsos para actuar y/o planes instantáneos para enfrentarnos a la vida que generan impulsos arraigados, los cuales nos llevan a actuar. Considera también que las emociones tienen una carga energética importante, la cual te impulsa hacia la acción. Podemos decir que las emociones son el puente entre el pensamiento y la acción. Y tus acciones determinan tus resultados, configurando éstos tu vida. De acuerdo con esta definición, las emociones te llevan a actuar y es precisamente en esa acción en dónde necesitas estar muy atento(a). La raíz de la palabra emoción es *motere* que significa mover y el prefijo *e* que implica alejarse. Esto significa que, en toda emoción hay una tendencia a actuar. Así que, podemos decir que las emociones son el espíritu que te mueve.

Por su parte, Susan Bloch, en su libro *Al alba de las emociones* (2002) menciona que las emociones "son estados funcionales de todo el organismo que implican a la vez procesos fisiológicos (orgánicos) y psicológicos (mentales)" ( p.32. ) En otras palabras, son expresiones psicofisiológicas como reacción ante un estímulo, es decir, son una actividad fisiológica en donde liberas hormonas y neurotransmisores. Las emociones desencadenan en ti una conducta, un comportamiento expresivo y siempre serán una experiencia interna, pues nadie puede sentir la emoción como tú la sientes.

En resumen, cada quién experimenta una emoción de forma particular, dependiendo de sus experiencias anteriores, aprendizaje, carácter y de la situación concreta. Algunas de las reacciones fisiológicas y comportamentales que desencadenan las emociones son innatas, mientras que otras pueden adquirirse.

## ¿Cómo inicia una emoción?

Podrás darte cuenta de una emoción en ti porque inicia con una sensación. El conjunto de sensaciones que experimentas y que involucran tu estructura corporal, te permite reconocer cómo te encuentras ante determinadas circunstancias. Por ejemplo, cuando el corazón te palpita fuerte, te sudan las manos, sientes mariposas en el estómago, sientes un vacío, entre otras sensaciones. En ese momento puedes analizar tus emociones y nombrarlas, por ejemplo, tengo miedo, estoy alegre, estoy enojado(a).

Existen cinco emociones básicas: miedo, tristeza, alegría, enojo y amor. Este último incluye la ternura y el erotismo, como lo menciona Susan Bloch (p.52). Aunque algunos estudiosos como el psicólogo Paul Eckman, quien es pionero en el estudio de las emociones y su relación con las expresiones no verbales, identificó seis emociones básicas que, según él, se experimentan de forma universal en todas las culturas humanas: Sorpresa, miedo, enojo, asco, alegría y tristeza. Cada emoción tiene una utilidad funcional y puedes manejarlas de forma constructiva o bien, destructiva. Queremos invitarte a que manejes las emociones a tu favor.

## DIFERENCIA ENTRE EMOCIONES, SENTIMIENTOS Y ESTADOS DE ÁNIMO

Con frecuencia emoción y sentimiento son tratados como sinónimos, sin embargo, la diferencia que existe se basa en la duración y la intensidad. Las emociones son intensas y breves, mientras que los sentimientos son menos intensos y más duraderos. Los sentimientos se dan después de las emociones, no hay sentimiento sin emoción. Algunos ejemplos de sentimientos son el amor, los celos, el sufrimiento o el dolor, el rencor, la felicidad, la compasión.

Un sentimiento es la suma de una emoción y un pensamiento. Según el biólogo, filósofo y escritor chileno Humberto Maturana, una emoción se transforma en sentimiento en la medida que tomas consciencia de ella. Es decir, en el sentimiento interviene, además de la reacción fisiológica, un componente cognitivo y subjetivo. Un sentimiento, por tanto, se da cuando etiquetas la emoción y emites un juicio acerca de ella.

Los sentimientos promueven la satisfacción de tus necesidades; movilizan tu interacción con el mundo interior; revelan lo que te es significativo o importante; señalan que algo requiere que lo revises (culpa, angustia); te mantienen vivo(a); le dan sabor a tu vida.

Algunos ejemplos de sentimientos que promueven tu desarrollo son: Confianza, plenitud, comprensión, soledad, angustia existencial, responsabilidad. Existen también sentimientos aprendidos como son: culpa, vergüenza, envidia, celos, melancolía.

Veamos ahora la diferencia entre emoción y estado de ánimo. Recuerda que la emoción es una energía que se desencadena por un evento específico, los estados de ánimo, en cambio, no te remiten a eventos concretos. Estos viven en el trasfondo desde el cual actúas, determinan tu acción en el mundo y definen tu horizonte de posibilidades.

Otra forma de entender el estado de ánimo sería: Es una actitud o disposición emocional. No es una situación emocional transitoria, es un estado, una forma de permanecer, de estar, cuya duración es prolongada.

Desde la psicología positiva, se propone que el ánimo positivo no es simplemente la ausencia de uno negativo. Puede estar relacionado con conceptos como el del florecimiento (flourishing) y con la presencia de emociones positivas como son: serenidad, orgullo, gratitud, esperanza, diversión, inspiración. No es imprescindible que tengas un estado de ánimo perfectamente equilibrado y optimista para realizar grandes cosas, sino que más bien el movimiento "se hace andando". Es importante que comiences a cambiar para que aproveches la energía que las emociones positivas te dan. A continuación, encontrarás un cuadro como resumen de estas diferencias:

*Figura 6.4 Diferencias entre emociones, sentimientos y estados de ánimo*

## ¿Por qué es importante aprender a manejar las emociones?

Las emociones se manejan o gestionan, pero no pueden ser controladas. Recuerda que la emoción es energía, entonces, es necesario que aprendas a canalizarla para que tú seas dueño(a) de tus emociones y no ellas de ti.

Entonces, ¿Cómo puedes gestionar tus emociones? En el momento que sientes que surge la emoción, el primer paso es que le pongas nombre, es decir, que la reconozcas (enojo, alegría, sorpresa, entre otras). Cuando llamas a las cosas por su nombre es más fácil que aclares tus ideas. Cuando reconoces la emoción y le pusiste nombre, identifica lo que te está haciendo sentir (la sudoración en las manos, palpitaciones, dolor en el estómago, cara sonrojada), te darás cuenta de que el cuerpo es el principal vehículo para captar las sensaciones que las emociones provocan.

En cuanto identificas la emoción, el siguiente paso es que te preguntes ¿qué sentimiento me despierta? Y ¿cómo me beneficia estar sintiendo eso?, o ¿cuánta importancia le doy a ese momento y a esa emoción? Busca el para qué estás sintiendo lo que estás sintiendo y revisa si en realidad quieres seguir centrado(a) en esa emoción o quieres gestionarla de alguna manera.

El tema de las emociones ha sido relegado por mucho tiempo, no nos enseñaron en la escuela a darles la importancia que tienen en la vida de todo ser humano. Antes de que la teoría de la inteligencia emocional (IE) se desarrollara, se daba mucha importancia al coeficiente intelectual (CI) de la persona. Por ejemplo, para conseguir un puesto de trabajo se brindaba una gran relevancia a las capacidades intelectuales. Sin embargo, diversos estudios han comprobado que, para el éxito laboral y de la vida en general, el coeficiente intelectual no lo garantiza. Es por esta razón que el tema de inteligencia emocional ha tomado un lugar importante para la salud mental.

Es en 1990 cuando surge el tema de la inteligencia emocional y esta cobra mucha relevancia, ya que se observó que se requería algo más que un alto coeficiente intelectual para hacer frente a las situaciones emocionales. Toda relación, tanto contigo mismo(a) y con los demás, está impregnada de emociones que es necesario manejar de forma adecuada.

Los psicólogos norteamericanos Brackett, Salovey y Mayer (2004) fueron quienes publicaron el término de IE (Inteligencia Emocional). Ellos la definen como: la habilidad para manejar los sentimientos y emociones, discriminar entre ellos y utilizar estos conocimientos para dirigir los propios pensamientos y acciones.

Además, estos autores consideran que la inteligencia emocional está integrada por cuatro aspectos:

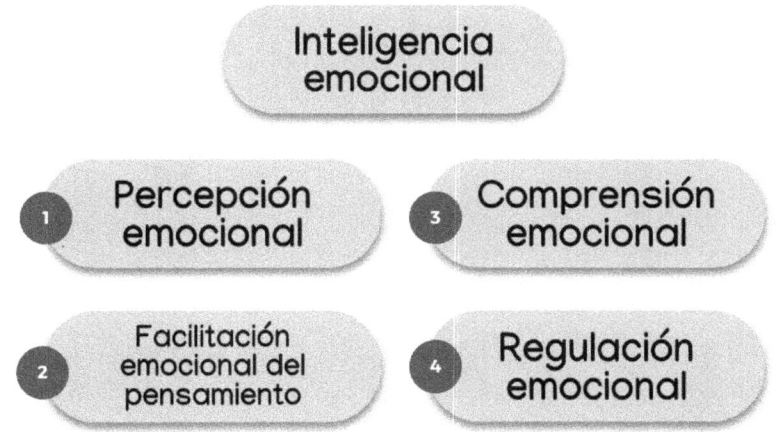

*Figura 6.5 Aspectos de la Inteligencia Emocional según los Doctores Brackett, Salovey y Mayer*

1. Percepción emocional: Es la habilidad para percibir con precisión, valorar y expresar emoción. Por ejemplo, en el lenguaje que utilizas, en la música que escuchas, en algo creativo que realizas.

2. Facilitación emocional del pensamiento: es la habilidad de acceder y/o generar sentimientos cuando facilitan pensamientos. Por ejemplo, el estado de humor cambia la perspectiva del individuo desde el optimismo al pesimismo. Cuando tu pensamiento se encuentra en un estado de bienestar te será más fácil tener creatividad.

3. Comprensión emocional: Es la habilidad de comprender la emoción y el conocimiento emocional. Por ejemplo, darte cuenta de que la tristeza se debe a una pérdida.

4. Regulación emocional: Es la habilidad para regular de manera reflexiva las emociones para promover el crecimiento emocional e intelectual. Habilidad para distanciarse de una emoción.

Quién ha hecho una profunda investigación en este tema después de Mayer y Salovey, es el psicólogo estadounidense Daniel Goleman, quien escribió el libro de *Inteligencia emocional* (1995) el cual fue todo un éxito. Para este autor, la inteligencia emocional es la capacidad de reconocer nuestros propios sentimientos, los sentimientos de los demás, motivarnos y manejar adecuadamente las relaciones que sostenemos con otros y con nosotros mismos. La podemos definir como el conjunto de habilidades que permiten una mayor adaptabilidad de la persona ante los cambios.

La inteligencia emocional te permite tomar consciencia de tus propias emociones, comprender los sentimientos de los demás, tolerar las presiones y frustraciones que se soportan en el trabajo; así como, acentuar la capacidad de trabajar en equipo y adoptar una actitud empática y social, que brindará más posibilidades de desarrollo social.

Goleman identifica cinco aspectos principales de la inteligencia emocional:

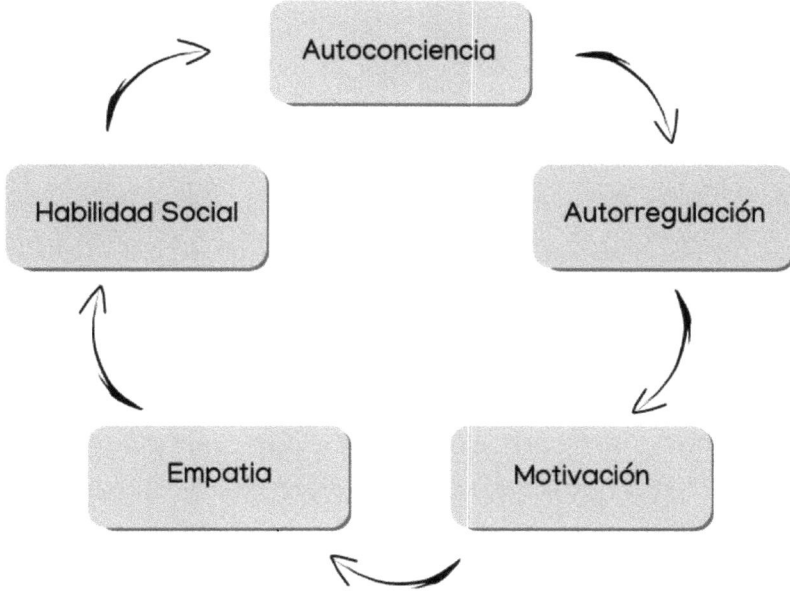

*Figura 6.6 Aspectos de la Inteligencia Emocional según el Dr. Daniel Goleman*

Recuerda, no escondas tus emociones, escúchalas, trabaja con ellas y aprende a dejarlas fluir. Evita los juicios hacia ti y mantente atento(a) a tus necesidades. Practica el manejo emocional con paciencia, consciencia, voluntad y respeto hacia tu persona y proceso personal.

En resumen, puedes ver a la inteligencia emocional como ese botón que todos deberían pulsar para dar forma a una vida más auténtica acorde a sus necesidades para ganar en autocontrol, en visión de progreso y en empatía para hacer un mundo mejor. Por último, la inteligencia emocional es un pilar esencial para que seas feliz.

## LA VIDA ES UN PROCESO

La vida es un proceso continuo de experiencias que te impulsan a crecer. Se ha comparado a la vida como la gran escuela en la que tú y todos los seres humanos participamos como aprendices, aunque cada quién vive de manera diferente ese aprendizaje. Crecer siempre implica aprender algo nuevo. El aprendizaje te permite ampliar tus conocimientos y te ofrece además ciertas recompensas.

Para algunas personas, aprender implica salir de una zona conocida en donde se siente seguridad y por este motivo hay temor a arriesgarse y enfrentar la incertidumbre. Y eso es algo humano y que necesitas respetar en los demás, pues cada persona tiene un ritmo propio y cada quién necesita responsabilizarse de su crecimiento.

Es importante que tengas claro que no puedes ayudar a quien no quiere ser ayudado, es necesario respetar el proceso de los demás, ya que no puedes interferir en las decisiones ajenas y aprendizajes de vida. Es en este momento en donde necesitas poner en práctica tu inteligencia emocional. El desarrollo de la empatía te permitirá poder entender los sentimientos de las demás personas.

Recuerda que la inteligencia emocional es el autogobierno de tus propias emociones y la gestión responsable de las emociones externas. La persona más creativa y exitosa en la vida no es la que tiene mayor cantidad de conocimientos, sino la que sabe manejar la información y las emociones ante los retos y las crisis. Deseamos que apliques lo aprendido para que sigas creciendo momento a momento, y que tu alma se llene de alegría creativa y energía que transforme tu vida y la de las personas que te rodean.

Recuerda hacer tu autorreflexión respondiendo a las preguntas localizadas en el apéndice A para este tema.

## NOTAS

_____

_____

_____

_____

_____

_____

_____

_____

_____

_____

# Ser compasivos (as) con nosotros (as) mismos (as)

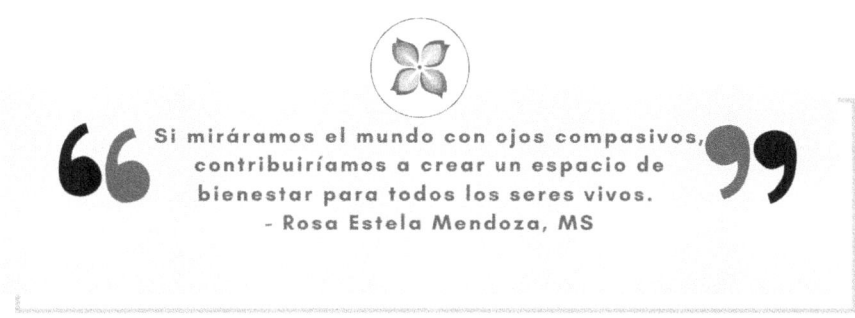

> Si miráramos el mundo con ojos compasivos, contribuiríamos a crear un espacio de bienestar para todos los seres vivos.
> – Rosa Estela Mendoza, MS

**OBJETIVO:**

Que a través de esta lectura puedas entender y valorar la autocompasión como una práctica para desarrollar bienestar y alegría en tu vida y la compasión como una herramienta básica.

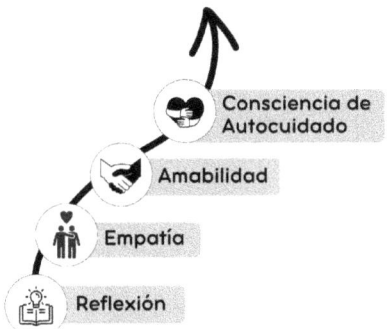

Figura 7.3

**HABILIDADES:**

Durante este módulo aprenderás a tener una mayor consciencia sobre tu autocuidado y a reflexionar sobre la amabilidad y la empatía que te ofreces a ti y a los demás.

## COMPASIÓN: AMOR EN ACCIÓN

Mostrar compasión es poder mirar con ojos de amor a los demás. Este amor en acción significa el querer entender y mostrar aprecio a los que te rodean. Mientras que el dirigir esa intención hacia ti con la misma devoción te ayuda a crear un mundo de alegría y bienestar interior. Así que dar y darte compasión te ayudará a ser mejor ser humano en cada uno de los roles que vives.

Seguro te has de preguntar: Y ¿Cómo podré lograr tener amor hacia los demás y en especial a los que no conozco? ¿Tener amor a los demás es posible siempre y en todo momento? ¿Qué pasa cuando no estoy en disponibilidad de dar amor a los demás? ¿La compasión es como un botón que se enciende a mi elección? Estas y otras preguntas serán abordadas en este capítulo.

Mostrar compasión es poder decirle a alguien que hay esperanza. Es decirle con acciones a otra persona que no hay nada malo en ella, es darle el mensaje de que tal vez está aprendiendo y algunos de esos aprendizajes generan dolor en los demás y que esto puede ser el camino equivocado para recibir amor. Digamos que el amor es la base para desarrollar otros sentimientos y pensamientos que te ayudan a relacionarte con compasión con los que te rodean. Entonces, sí amas la vida y a ti mismo(a), sabrás cuándo es tiempo de concentrarte en ti y los autocuidados que necesitas y así generar la energía compasiva para ti y los demás.

### ¿Qué es la compasión?

La compasión se distingue por sus dos componentes básicos: El sentimiento por una persona que sufre y el deseo de ayudarle. La doctora en psicología Clara Strauss y sus colaboradores (2016), analizaron en profundidad las definiciones hasta ahora presentadas por la tradición budista y la psicología, y encontraron en común cinco componentes de la compasión. Te invitamos a que revises el siguiente esquema.

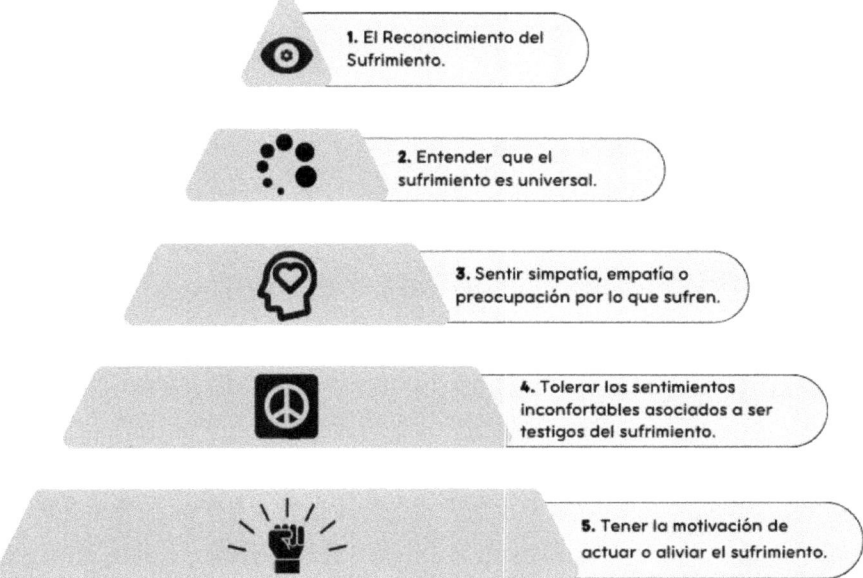

*Figura 7.4 Componentes de la compasión según la Dra. Clara Strauss*

La compasión (y su gemela, la autocompasión) es un rasgo de personalidad que puedes cultivar con prácticas de observación, reflexión, autoobservación, mindfulness, y planeación. La compasión no es estática, sino más bien cambia cuando te relacionas con una persona y otra, con un grupo u otro o incluso cuando tu bienestar cambia.

Si consideras que la compasión no es una aceptación ciega e incondicional y que no siempre estás de ánimo para cuidar de los demás, te ayudará a sentir menos culpa cuando es tiempo de enfocarte solo en ti. Es humano y entendible que te sea difícil sentir compasión por el mundo cuando tú estás teniendo un mal día, por ejemplo. Incluso en tu relación con una misma persona cambiará tu nivel de compasión de un día a otro y en base a tus vivencias. Es parte de la diversidad de la vida.

Entre más te conozcas más podrás con afecto y cariño poner límites a los demás con amor firme. Y si lo vemos poéticamente, imagina una flor que has plantado y que al crecer te regala la gracia de la belleza y la plenitud. Así, una vez cultivada tu compasión, la puedes ofrecer como un hermoso ramo de flores en celebración de que la otra persona existe y comparte su mundo interior contigo. Y mejor aún, imagina que aprendes la práctica saludable de celebrar que ¡tú existes y tienes un interior enriquecido! Eso es la autocompasión en acción.

En resumen, para que puedas sentir y expresar compasión, la mayoría de los días recuerda aplicar las habilidades que has venido aprendiendo en este curso, como vivir en el presente, moderar tus expectativas, crear una nueva visión, reconocer tus límites y tener apertura, por ejemplo.

### ¿Cómo diferenciar la compasión de otros rasgos de personalidad?

Es saludable para tus relaciones con los demás que puedas diferenciar cuando estás pensando o sintiendo otra cosa que no es la compasión. Poder captar a tiempo cuál es tu intención al dar apoyo te ayudará a dar tu tiempo y ayuda con menos ataduras emocionales que pueden lastimar más que ayudar. Así que hablemos de la empatía, la lástima y el altruismo.

## COMPASIÓN Y EMPATÍA

La compasión y la empatía a veces son usadas como si fueran el mismo concepto. No es así. La empatía y la compasión se parecen en que hay que entender y sentir por el sufrimiento de los demás; sin embargo, la compasión es más activa una vez que entendemos y sentimos queremos hacer algo al respecto. La empatía es un componente esencial de la compasión, según la doctora Clara Strauss y sus colaboradores.

Sin embargo, la empatía se basa en las emociones de los demás, no las tuyas. Con empatía puedes ponerte en los zapatos de los otros y entender por qué sufren, sienten frustración, enojo o alegría. Empatía es que notas esos sentimientos y los sientes con la otra persona y ahí se acaba la historia, no tienes la motivación de hacer algo al respecto. En cambio, con la compasión se centra solo en el sufrimiento de la otra persona, olvidando de momento las otras emociones como alegría o paz, entre otras. Cuando sientes compasión, te das a la tarea de decidir qué tanto puedes hacer por esa otra persona.

En otras palabras, tú generas la compasión al ser sensible al sufrimiento de otros y es independiente de lo que la otra persona siente, en cambio, la empatía es un reflejo en tu cuerpo de lo que la otra persona está sintiendo. La compasión se puede sentir por la humanidad en general o por grupos de personas, mientras que la empatía es sentida por una persona a la vez. De hecho, las investigaciones neurológicas reflejan que activamos diferentes partes de nuestro cerebro para sentir una y otra.

## COMPASIÓN Y LÁSTIMA

La lástima no incluye él ayudar a los demás de una manera desinteresada. Según el psicólogo Estadounidense Richard. S. Lazarus (1994) cuando sientes lástima es porque estás suponiendo que esa persona no tiene recursos para salir adelante por sí misma y, por lo tanto, si decides ayudar es porque tú tienes la necesidad de rescatar, ya que piensas que él o ella no podría salir sin tu ayuda. Algunos autores van más allá, y afirman que, cuando sientes lástima, podrías estar pensando que la persona no merece la ayuda y entonces tus esfuerzos de ayudar están teñidos por una actitud condescendiente, actuando como si tuvieras más poder.

Es decir, la lástima no empodera a los demás, sino que intervienes en la vida de otra persona porque crees que eres indispensable. Por lo tanto, sentir lástima es enfocarse más en aliviar tu sentimiento de angustia por algo que, según tu parecer, está mal en el mundo de afuera. Sentir lástima es entonces un distractor para evitar sentir tus propias emociones.

## COMPASIÓN Y ALTRUISMO

Cuando te sientes altruista es porque tienes ganas de hacer algo por los demás, y las motivaciones o explicaciones para hacerlo no son tan importantes de considerar aquí, según la doctora Clara Strauss y sus colaboradores. El altruismo de forma aislada tiene un precio emocional y financiero para quien lo ejerce. Otro riesgo es que se puede ser altruista de manera desconectada de quién lo recibe. Esto no es malo o bueno, solo es una forma de relacionarse. Un ejemplo es un billonario que hace tiempo puso algunos de sus millones de dólares para que algunos abogados de inmigración privados apoyaran de manera gratuita a sus clientes que demostraran necesidad. El hombre altruista decidió no tener contacto alguno con los beneficiados y solo los abogados podían darle cuentas de cómo iban los casos. Esto es muy generoso y altruista de su parte. Esta persona seguramente considera injusto que las personas vivan indocumentadas en el área de la bahía, en California, e hizo algo al respecto. Se puede decir que tuvo un elemento de la compasión. La compasión tiene un componente de altruismo, pero, hace un llamado al balance y la conexión con la persona a quien se está ayudando. El altruismo puede ser dirigido a alguien que necesita algo y no tiene que implicar el sufrimiento.

Por ejemplo, un altruista puede donar a una biblioteca o dar clases de arte, esto no está basado en que las personas sufren, sino en su deseo de ayudar a que mejoren su calidad de vida. Como habrás notado, el altruismo y la compasión son necesarios e importantes en una sociedad que sufre y cada uno tiene su lugar y tiempo oportunos en tus relaciones interpersonales.

Ahora que hemos aclarado la compasión, hablemos de la importancia de mirar hacia tu interior con ojos de amor, o como decíamos al principio de cultivar las flores y poner un ramo de esas flores frescas primero en tu casa con la certeza de que te las mereces.

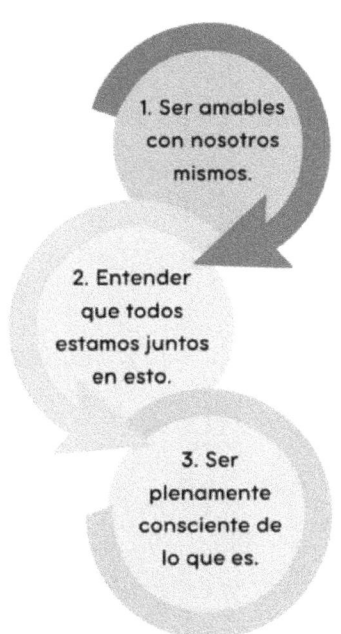

## ¿Qué es ser autocompasivo y cómo ayuda a tu bienestar?

Conocido es el dicho de que "no podemos dar lo que no tenemos" y aquí nos ayuda a remarcar la idea de que la autocompasión es el paso indispensable para poder ser compasivos con los demás. La autocompasión es una forma poderosa de lograr bienestar y felicidad, además de poder eliminar la negatividad, el miedo y la soledad, según la investigadora estadounidense Kristin Neff en su libro *Autocompasión: El poder comprobado de ser amable contigo (Self-compassion: The Proven Power of*

*Figura 7.5 Componentes de la Autocompasión según la Dra. Kristin Neff*

*Being Kind to Yourself*, 2011). La Dra. Neff divide la autocompasión en tres componentes según la figura aquí mostrada.

Este primer componente de ser amable contigo implica poder ver con ternura tus errores. Saber que eres un ser en proceso y que eres capaz de aprender, así como lo has hecho a lo largo de tu vida. La doctora Neff añade que, ser amable contigo significa notar cuando te autocriticas duramente o te juzgas y luego poder escoger otras palabras o frases amorosas que sustituyan estos pensamientos.

La buena noticia es que, a cualquier edad, puedes beneficiarte del amor de alguien y así crear tu autocompasión, y mejor aún, si no tienes a nadie, es posible desarrollar un buen nivel de autocompasión, solo que requieres más consciencia y esfuerzo. La habilidad de cuidar de ti ya viene de nacimiento, solo te toca aplicarla sin sentirte que le estás robando algo a tus seres queridos, al contrario, al aplicar la amabilidad contigo serás una fuente de inspiración para quienes te rodean.

El segundo componente abriga la idea de que todos estamos juntos en esto, te puede ayudar a sentirte al mismo nivel de otras personas. Todos en algún momento de nuestras vidas pasamos por sufrimiento. Y según añade la doctora Neff, aunque no sea por la misma razón que la persona que tienes frente a ti, tú también experimentas sufrimiento y es igual de necesario que te atiendas.

Atender a tus necesidades con la idea de que como ser humano sufres y necesitas atención y consuelo es diferente de tener lástima por ti o de ser auto indulgente. Al tener autocompasión, te puedes concentrar en atender lo que necesitas emocionalmente mientras estás sufriendo y darte palabras de ánimo.

También significa crear estrategias que te ayudan a aliviar esta etapa de sufrimiento. Por ejemplo, ir al doctor a tiempo cuando te empiezas a sentir mal y no esperar a que tengas que ir a la sala de emergencia. Saber cuándo tienes tristeza o necesidad de llorar y darte tu tiempo para hacerlo, tal cual como lo harías por tus seres queridos. Tristemente, a veces podrías tener más compasión con tu ser querido que tiene un dolor de estómago y dejarle pasar el que lave los trastes, mientras que te obligas a ti a seguir tu día de actividades normales con un fuerte dolor de cabeza, por ejemplo.

El tercer componente nos habla de ser plenamente consciente de lo que es. En este caso, la doctora Neff nos urge a parar, poner atención y poner nombre a nuestras reacciones y emociones. Es decir, cuando evitas sentir tristeza, enojo, vergüenza u otras emociones que no deseas aceptar como tuyas, entonces puedes caer en la tentación de pasar al modo de rescate y empezar a trabajar en "resolver" el problema.

Si no paras y observas, o le das nombre a lo que estás viviendo, tus soluciones no serán las adecuadas. Es probable que tus soluciones estén encaminadas a tapar tus emociones y, por lo tanto, lo haces con prisa y sin tino. Cuando respiras profundo, tomas notas de lo que sientes y como está tu cuerpo, es probable que tus decisiones sean más adecuadas a lo que necesitas en este momento.

Otro peligro, al no estar plenamente consciente de lo que es, es que no puedas responder adecuadamente a una situación porque estás experimentando lo que la Dra. Neff llama la sobre-identificación. Esto es, que te puedas meter tanto en tus emociones del momento, que no dejas espacio mental para decirte palabras amables y te olvidas fácilmente que esto le pasa a muchas otras personas.

Con frecuencia yo (Carmen) trabajo con clientes que han perdido trágicamente a un ser querido. Y el nivel del dolor es tan fuerte que se tardarán meses o años en entender que es parte de la vida y que les ha pasado a muchas otras personas. Y con esto no queremos decir que no debas sentir la rabia, la tristeza o el duelo, sino que al notar que los sientes, te puedes acompañar de una manera más tranquila en el día a día, con autocompasión cuando cometes errores por distracción, cuando no quieres levantarte o cuando lloras en medio de una fiesta y solo quieres irte. Estas son reacciones muy comunes en quienes viven un duelo. La autocompasión entonces es tu mejor compañera en tiempos de sufrimiento, ya que te ayuda a eliminar o prevenir la soledad, el miedo y la negatividad.

## APLICANDO LA AUTOCOMPASIÓN EN TU ÁREA DE TRABAJO

La autocompasión es una base fundamental en tus relaciones interpersonales, si eres parte de un equipo de trabajo o si de tus decisiones depende el bienestar de los demás. Como parte de una organización, todos tenemos situaciones por resolver y tu compromiso como parte de un equipo es ayudar a que se abran posibilidades en el trabajo en conjunto. Para promover fortaleza en una organización es indispensable alimentar el propio bienestar emocional y así poder mantener un enfoque claro del camino que quiera seguirse para alcanzar los objetivos deseados.

En una organización se comparten sueños, necesidades y proyectos que requieren de un seguimiento claro, apoyados en una planeación estratégica que establezca prioridades para poder dar un adecuado ritmo y alcance efectivo de los resultados esperados. Durante el cumplimiento de esta planeación se vivirán momentos de tensión personal e incluso entre los miembros del equipo, así que aquí es donde entra el trabajo de la autocompasión, es decir, darte cuenta de que necesitas mantener tu bienestar personal para poder dar una respuesta responsable sin desgastarte y sin desgastar a otros.

Ya que has revisado la definición de compasión, empatía y altruismo, te darás cuenta de que para trabajar en equipo estas son herramientas fundamentales para poder crear un contexto colaborativo y respetuoso entre los miembros

En resumen, necesitas desarrollar la autocompasión y aplicarla. Recuerda, la vida es un proceso de continuos cambios en donde vas a experimentar situaciones de todo tipo. En tu diario vivir escucharás historias de otros que requieren de tu fortaleza y para mantenerte en tu centro, la autocompasión será tu respaldo.

Recuerda hacer tu autorreflexión respondiendo a las preguntas localizadas en el apéndice A para este tema.

## NOTAS

_____
_____
_____
_____
_____
_____
_____
_____
_____
_____
_____

*8*

# El Liderazgo Desde tu Poder Interior

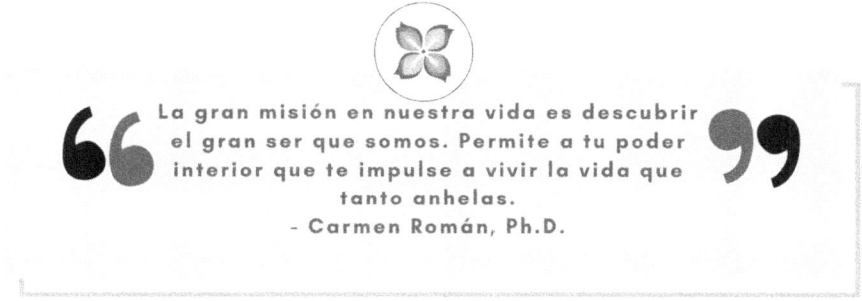

> La gran misión en nuestra vida es descubrir el gran ser que somos. Permite a tu poder interior que te impulse a vivir la vida que tanto anhelas.
> - Carmen Román, Ph.D.

**OBJETIVO:**

Que a través de esta lectura puedas revisar cómo has puesto en práctica tus aprendizajes pasados, y aplicar tu poder interior como sustento para el liderazgo transformacional.

**HABILIDADES:**

Durante este módulo aprenderás a desarrollar una actitud positiva, tu capacidad de reflexión y tu motivación, para reflejarlo en tu poder de liderazgo.

*Figura 8.3*

## REALIZANDO UN INVENTARIO DE TUS HABILIDADES

En las lecciones anteriores te hemos enseñado ciertas habilidades para que profundices en tu percepción de la vida y te hagas cargo de tu transformación. Así como un mecánico tiene una caja de herramientas y ha tomado un entrenamiento para saber cuál usar en el momento adecuado, así queremos que tú sepas claramente que cuentas con habilidades que te ayudarán a solucionar problemas y generar posibilidades.

Como estudiante de este curso, estás creando nuevas habilidades, desempolvando algunas con las que ya cuentas y descubriendo nuevos usos para aquellas habilidades que ya aplicabas en tu vida diaria. Esta es tu caja de herramientas y es muy personal.

Nuestro objetivo con este tema es que hagas un inventario claro de esas habilidades con las que cuentas y las que tienes que desarrollar. El hacer un uso consciente de tus habilidades te permitirá establecer relaciones más duraderas y confortables y, con esto, te garantizas un liderazgo más efectivo.

Es normal que uses de manera repetida ciertas herramientas que no aplican a todas las situaciones, solo porque te son familiares. ¿Qué pasaría si el mecánico usara la misma llave para todo tipo de tuercas sin darse tiempo para pensar cuál es la más adecuada? ¡Sería muy frustrante! ¿Verdad? Bien, ahora imagina que usas la misma respuesta para todos los problemas que se te presentan. Por ejemplo, responder con enojo a todas las personas que te rodean y las situaciones que se te presentan. Por supuesto, no funcionaría y al frustrarte responderías aún con más enojo. El enojo es una respuesta válida y normal para ciertas circunstancias, pero no para todas. Así que para ser una persona más asertiva requieres tener claro el inventario de habilidades o emociones con las que cuentas y verás que hay muchas otras herramientas que puedes utilizar. Te vendrá muy bien saber que tu inventario de habilidades está construido por ti y por tus antepasados. Sí, mucho de lo que eres viene por la cultura familiar a la que perteneces.

Las familias se pasan sus costumbres, formas de ver la vida, o las formas de resolver problemas de una generación a otra. Si bien habrá algunas habilidades que desearías no tener, como el haber aprendido a sobrevivir al divorcio de tus padres, o superar la muerte de un ser querido, es importante que honres los aprendizajes que tú has acumulado o tus ancestros te han heredado. Y claro, te corresponde agradecer, valorar y elegir las que mejor puedes aplicar a tu vida. Ahora veamos cómo el uso adecuado de estas habilidades te ayudará a entender y usar tu poder interior.

## DEFINIENDO EL PODER INTERIOR

En todos nosotros existe una fuerza silenciosa que nos impulsa a actuar y saber cuándo movernos, según Tae Yun Kim, una mujer líder de empresas del Valle del Silicon y experta en artes marciales, lo afirma en su libro *Siete pasos para el poder interior* (*Seven Steps to Inner Power: A Martial Arts Master Reveals Her Secrets for Dynamic Living*, 1991). Esta fuerza interior nos ayuda a enfrentarnos a cualquier situación difícil. Y además promueve nuestra transformación, ayudándonos a resolver problemas cada vez con mayor energía. Esta fuerza interna se relaciona con la resiliencia, según el psicólogo y escritor estadounidense Martin Seligman. Él considera que hay personas que no solo demuestran más salud física y psicológica, sino que en general se orientan hacia las emociones positivas y a vivir con resiliencia. Entendemos por resiliencia a la capacidad de reponerte después de una situación desafiante. Esta te permite seguir funcionando después de un evento adverso. Y sí, también la fuerza interior que se cultiva en nuestra vida, la podemos compartir con nuestra familia y ayudar a que cada uno genere su propio poder interior.

Una vez reconocida y cultivada tu fuerza interior está ahí a tu disposición, solo basta con unos minutos de silencio o una reflexión profunda para que la puedas experimentar. Entonces, si de manera cotidiana te conectas con esa fuerza dentro de ti, el poder se hará presente y te dará tranquilidad, paz y seguridad para actuar. Y como una espiral, al ir resolviendo cada vez con mayor precisión los retos que se presentan en tu vida, irás estableciendo una mayor resiliencia, serás más fuerte emocionalmente y actuarás con más poder interior.

## ¿Cómo desarrollar ese poder?

Cada una de las clases y las habilidades que hemos trabajado en este curso están diseñadas para que reconozcas y uses tu poder interior. Así que te vendrá bien repasar las lecciones, reflexionar en tus tareas y establecer hábitos de autodisciplina que te ayuden a ser una persona más estable, sólida y confiable para ti y los demás.

El desarrollo del poder interior es un trabajo de vida y se hace más agradable cuando reconoces tus puntos ciegos con amabilidad y respeto por el proceso de aprendizaje. Y es aún más poderoso cuando trabajamos en grupos de personas que están en la misma tarea. Tu inteligencia, tu sabiduría y fuerza interior siempre están en ti, es solo que debido a la falta de educación emocional y motivación de nuestros adultos cercanos o de nosotros mismos al crecer, no son las primeras herramientas a las que recurrimos ante un desafío.

Puede ser que hayas escuchado a personas quejarse de su mala suerte, o de cómo sus padres le han "destruido" su vida al no tratarle bien en su infancia. También puede ser que hayas visto a personas que ríen y parecen pasarla bien a pesar de sus historias trágicas. Esto es porque al culpar a los demás por lo que te pasa, bloqueas tu trabajo personal. Esta es una forma de esconder tus habilidades, al concentrarte en culpar a tu pasado o tu gente cercana ignoras la oportunidad que esas experiencias te dieron para crecer. Entonces, saber apreciar tus experiencias pasadas y atesorarlas como esa fuente de sabiduría y hacer tu trabajo personal te darán el impulso para ser quien verdaderamente eres.

Hacer el trabajo personal significa darle a cada emoción su tiempo y momento, a cada pensamiento que te inquieta una respuesta amable y dulce, y a cada habilidad la oportunidad de desarrollarse sin auto-enjuiciarte o criticarte. Cuando notes que te estás quejando por más de 10 minutos, solo para, respira profundo y esfuérzate a encontrar una o dos razones para sentir agradecimiento. Por muy pequeñas que sean las razones para sentir ese agradecimiento, este nuevo y diminuto sentimiento es capaz de parar toda una avalancha de pensamientos negativos, así como una pequeña piedra puesta de manera estratégica puede parar por unos instantes la bola de nieve gigantesca que baja la montaña. Así, te da tiempo para crear nuevas estrategias basadas en la compasión y el amor.

Te ayudará el considerar que no tienes el control sobre la mayoría de las situaciones o cosas, al menos no más allá de lo que tú puedes responder y hacer. Y una vez que pones menos carga en tus hombros, tienes la energía para hacer esa parte tan importante que sí te toca hacer. Recuerda la oración que hacen en los grupos de alcohólicos anónimos inspirados en las palabras de San Francisco de Asís: "que yo tenga la fuerza para cambiar lo que sí puedo, aceptar lo que no y saber distinguir la diferencia." Sentirte alegre por tus logros, celebrar tus triunfos en silencio o con una gran fiesta, es importante. Si bien es cierto que cuando tienes ese poder y certeza interiores no es necesario hacer gran algarabía, es importante que sí te tomes el tiempo para que reconozcas tus logros y celebrarlos. Esta es la gasolina que mantiene encendido el motor llamado motivación.

Para terminar, dejamos para tu reflexión los siete pasos que la empresaria Tae Yun Kim considera fundamentales:

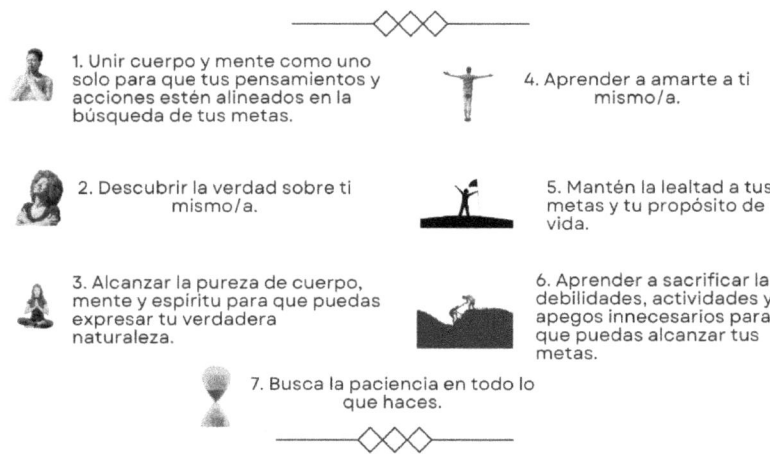

1. Unir cuerpo y mente como uno solo para que tus pensamientos y acciones estén alineados en la búsqueda de tus metas.

4. Aprender a amarte a ti mismo/a.

2. Descubrir la verdad sobre ti mismo/a.

5. Mantén la lealtad a tus metas y tu propósito de vida.

3. Alcanzar la pureza de cuerpo, mente y espíritu para que puedas expresar tu verdadera naturaleza.

6. Aprender a sacrificar las debilidades, actividades y apegos innecesarios para que puedas alcanzar tus metas.

7. Busca la paciencia en todo lo que haces.

## SER LÍDER DESDE EL PODER INTERIOR

Se puede ser líder en diferentes ámbitos. Puede ser en un grupo, en una empresa o en la propia familia, incluso de ti mismo(a). Un líder consciente aspira a la efectividad en lo que hace, es decir, a obtener el máximo de resultados siguiendo un plan estratégico y flexible previamente establecido.

Lo ideal es que, quien ha desarrollado la competencia de un liderazgo efectivo, tenga la habilidad de impulsar a un equipo para que trabaje de manera armoniosa y productiva. Un líder con poder interior reconoce en las personas la riqueza de sus diferencias personales y las une para generar una buena sinergia, es decir, la energía que les une.

Pensar que el líder es el que manda es parte de una estructura rígida y sin creatividad. El líder con poder interior ha trabajado en su persona y, por lo tanto, es empático y tiene un manejo emocional consistente. Este líder trabaja con su equipo para lograr una misión y visión clara del proyecto. Por supuesto, se reconoce humano con posibilidad de errores y practica la autocompasión. Además, sabe responsabilizarse de sus necesidades y ayuda a otros a que hagan lo mismo. Así es como crea contextos de confianza y de una comunicación efectiva.

Para finalizar, este tipo de liderazgo desde el poder interior abre el camino para otros, promoviendo la colaboración entre los miembros del equipo y las personas se sienten cómodas para expresar nuevas ideas y desarrollar a su vez su propio liderazgo.

Recuerda hacer tu autorreflexión respondiendo a las preguntas localizadas en el apéndice A para este tema.

## NOTAS

_____

_____

_____

_____

_____

_____

_____

_____

_____

_____

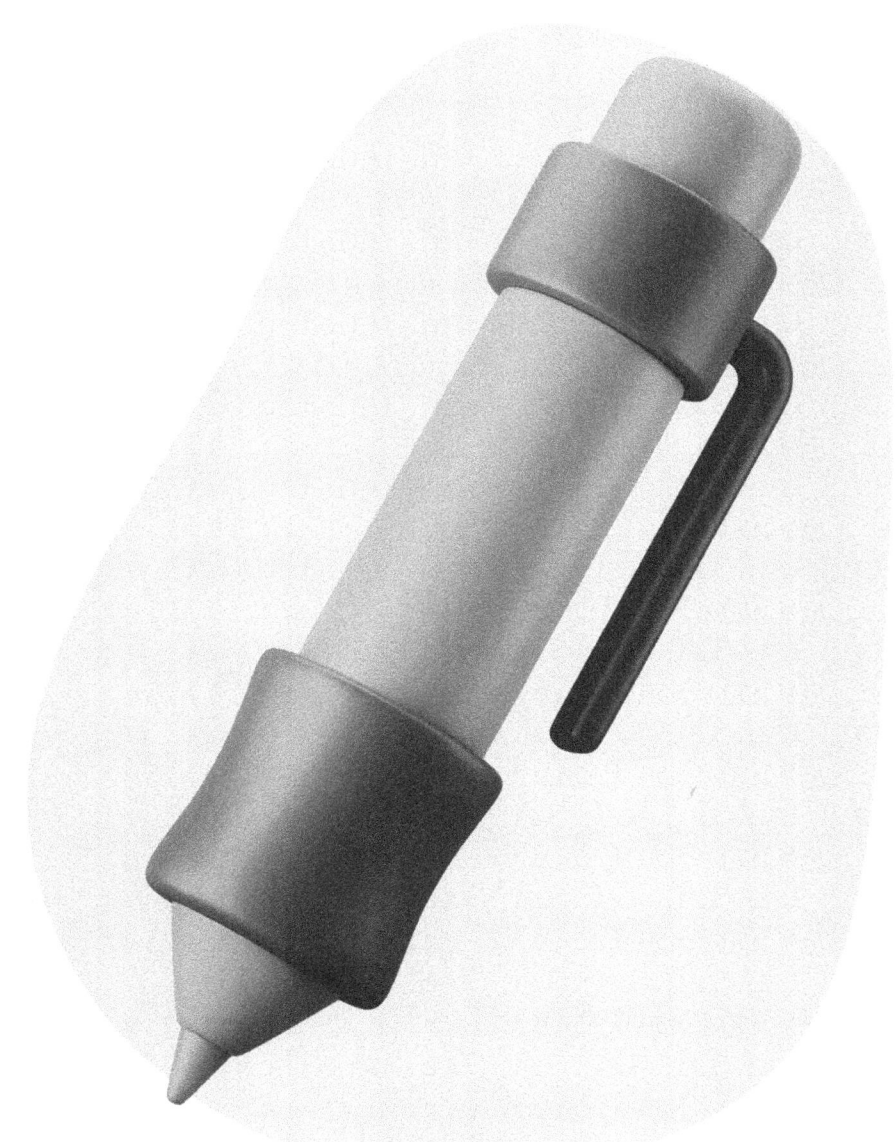

# 9

# Autobiografía

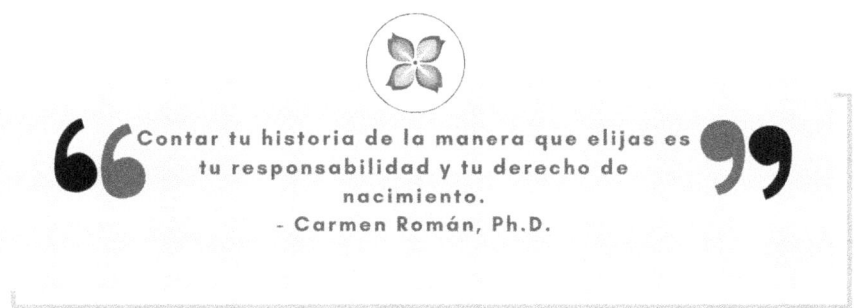

> Contar tu historia de la manera que elijas es tu responsabilidad y tu derecho de nacimiento.
> - Carmen Román, Ph.D.

**OBJETIVO:**

Que a través de esta lectura puedas profundizar en tu historia personal para conocerla y apreciarla, desarrollando la disciplina de escribir y compartir con consciencia tu historia personal.

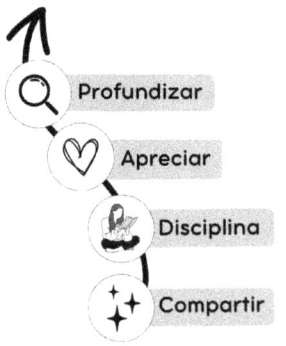

**HABILIDADES:**

Durante este módulo aprenderás a profundizar en tu historia de vida de una manera disciplinada, para apreciarla y compartirla.

*Figura 9.3*

## RECONOCIENDO TU HISTORIA PERSONAL

Todo ser humano posee eso que llamamos historia personal. Y se denomina personal porque para cada una es diferente. Y, ¿qué requiere para convertirse en historia?

Echemos un vistazo a cómo tu historia personal se conforma: Inicia con todas las experiencias que has vivido hasta el día de hoy, las cuales parten desde el momento que fuiste concebido(a), ese día que el gran milagro de la vida se dio. Y no importa cómo haya sido, la vida es un milagro y es importante reconocerlo. Toma en cuenta también que tu historia se inicia en un tiempo (tu fecha de nacimiento) y espacios específicos (tu lugar de nacimiento y contexto familiar). Tu fecha de nacimiento es un momento preciso y en el mundo en general se vivían tiempos históricos que definitivamente tiñen lo que tú eres. Y a la vez tu nacimiento de alguna manera impacta al mundo. Por ejemplo, si naciste en el momento en que tu país estaba en guerra civil o una oleada de abundancia económica, esto marca la forma en que tu familia te crio. Tu lugar de nacimiento cuenta con un contexto cultural lleno de tradiciones de todo tipo que incluyen: lenguaje, comida, naturaleza, religión, costumbres, celebraciones, vestimenta y toda una cosmovisión única, es decir, una forma de ver la vida muy especial.

Además del lugar de nacimiento, cuentas con un contexto familiar, constituido por tus padres y hermanos, tíos, primos, abuelos y todos tus ancestros y con los amigos que de alguna manera formaron parte de tu familia también. Puede ser que hayas tenido ambos padres o no, que hayan sido muchos hermanos o que seas hijo(a) único(a). Todo lo que has vivido cuenta para tu desarrollo como la persona que eres ahora.

Todo lo que te ha rodeado y te rodea en este momento de tu vida, matiza tu persona y por supuesto sigue dando forma a tu historia personal. Como podrás ver, seguirás viviendo experiencias, habrá sucesos en el mundo que seguirán enriqueciendo tu vivir y los cambios se mantendrán constantes en tu existir hasta que tus días en esta tierra terminen.

## ¿Por qué aprender a valorar la historia personal?

La historia personal es única y, por lo tanto, especial y rica en vivencias que necesitan ser reconocidas y valoradas. Aunque observes que otras personas han vivido algo semejantes a ti, nadie lo ha experimentado de la misma manera que tú y eso es lo que te hace tan especial. ¿Recuerdas esa frase tan famosa, "conócete a ti mismo(a)"? Pues, ese conocimiento lo lograrás cuando reconozcas cada experiencia que has vivido, haya sido agradable, dolorosa, feliz, o haya hecho que tu vida se cimbrara.

Todas esas experiencias han tenido un sentido, un para qué. Aunque te sea difícil aceptar algunas situaciones vividas porque sentías que no te merecías haberlas tenido, como por ejemplo, la pérdida de un ser querido, el cambio de residencia, sentirte traicionado(a) por alguien, entre otros. Aunque te sea difícil creerlo, algo había que aprender de todo eso. Para hacer significativa tu existencia es imprescindible que valores la fuerza que te caracteriza al superar los retos que se te han presentado, al agradecer los aprendizajes que has logrado y que te han permitido ser un mejor ser humano. Tú eres quien construye su destino y elige avanzar con lo difícil o con lo maravilloso que has experimentado.

## CONOCER Y APRECIAR TU HISTORIA COMPLETA

Conocer tu historia completa implica que reconozcas tus orígenes, tu árbol genealógico, es decir, saber que antes de que tú nacieras hubo muchos seres humanos que forman parte de tu clan y que gracias a ellos estás ahora aquí vivo(a), ellos son tus ancestros: abuelos, bisabuelos, tatarabuelos y muchos más. Si conoces e investigas acerca de tus ancestros, te ayudará a conocer la historia de donde vienes y te permitirá tener una mayor claridad en tu identidad. Todos ellos enfrentaron la vida de diferentes maneras, vivieron retos, sacrificios, enfermedades, tuvieron logros y crearon cosas. Quizás algunos de ellos murieron porque participaron en alguna guerra o porque vivieron también alguna pandemia. O se les excluyó porque no cumplían con el "deber ser" familiar.

Bert Hellinger, teólogo y terapeuta alemán, conocido por ser el creador de las constelaciones familiares, afirma que cada persona forma parte de un sistema familiar y está unida a todos sus miembros por vínculos sólidos. Toda familia vive dinámicas internas que podrían no favorecer a que el amor fluya de manera adecuada. Cuando tú haces el ejercicio de reconocer y aceptar a todos los miembros de tu clan familiar, en toda su diversidad y estilos, contribuyes a que el orden se restablezca en tu sistema.

Puede ser que tu historia se haya visto matizada por experiencias muy dolorosas y que quisieras no recordar, sin embargo, sigue siendo parte de tu historia y negarlas, no te ayudará a vivir en paz. Por esto, es importante que las aceptes y busques como trascenderlas para ser más fuerte. Perteneces a un sistema familiar que te ha brindado la oportunidad de vivir en este mundo, en este tiempo y espacio, y que eres libre para elegir el camino que quieres seguir. En pocas palabras, al conocer y apreciar tu historia te das el valor que te mereces, te sientes con plenitud y orgullo por quién eres mientras caminas con el corazón abierto y dispuesto a compartirse.

Muy bien, ¡me apunto! Seguramente estás pensando. Y, ¿por dónde empiezo para conocer mejor mi historia? Ya encontrarás una forma que se adapte a tu estilo personal. Mientras te contaremos que puedes investigar con tus familiares y gente que te ha conocido por mucho tiempo. Aunado a esto puedes escribir tus experiencias pasadas y presentes. O tus reflexiones y aprendizajes acerca de esas experiencias. El escribir la propia historia ha sido una práctica por cientos de años que nos enriquece y enriquece a otros cuando decidimos compartirla.

El escribir la propia historia es un ejercicio muy interesante y poco valorado. Escribir tu historia es una forma de trabajo emocional y tal vez solo la escribas para ti, o puedes escribirla para dejar información a tus familiares que ya existen o las generaciones futuras, o puede ser que te conviertas en un autor(a) y publiques tu historia para el mundo. De hecho, Kelly Notaras, autora del libro *El libro que naciste para escribir* (*The book you were born to write*, 2019) sugiere que al principio ni siquiera decidas si vas a publicar o no. Al principio, ella sugiere, solo escribe tu autobiografía como una forma de catarsis.

Hay varios autores que han hablado de lo sanador que es escribir la propia historia, como el Dr. Wayne Dyer o la autora Julia Cameron, que incluso sugiere que cada mañana escribamos al menos tres páginas en lo que ella llama "Morning pages" o páginas de la mañana. Según la autora Joanne Fedler de la autobiografía *Cuando tengas hambre, come.* (*When hungry eat*, 2010), escribes tu autobiografía para hacerle sentido a tu propia vida, para sanar, para reencontrarte contigo mismo(a), para amar lo que está roto y para descubrir tu verdad, entre otros objetivos. La escribes porque es una necesidad humana el contar tu historia en tus propios términos.

Así que según Joanne Fedler el escribir tu propia historia te trae beneficios como el encontrar tus momentos de fortaleza interior, transformar las debilidades que has heredado, deshacerte de las etiquetas que te han impuesto y crear nuevas que representan lo que eres, o tal vez los beneficios de escoger tus propias palabras para contar tu verdad y enfrentar la vida con más valentía generando así más poder interior. Lo importante es que te tomes seriamente y dediques un tiempo para reflexionar en quién eres, de dónde vienes y a dónde vas en la vida.

## LA IMPORTANCIA DE TOMARTE EN SERIO

Habrás escuchado el dicho de que nadie da lo que no tiene. Bien, piensa en una persona que es muy importante para ti y ahora imagina que te pide el favor de que le consigas algo esencial como alimentos, hospedaje o medicinas. Debido a tu preocupación y cariño por esa persona, es muy natural que hagas hasta lo imposible por hacerle llegar lo que necesita. Esto es tomar en serio sus necesidades. Bueno, ahora imagina que es tu voz interior quien te pide "aprendamos inglés" o "vayamos de vacaciones". Acá es cuando cambia todo, porque nos han enseñado que cuando se trata de atender nuestras emociones, deseos y necesidades es una señal de mala educación y hasta de egoísmo. Así que tú, como la mayoría de las personas y en especial las mujeres, habrás aprendido a no tomarte en serio.

Y, ¿cómo funciona esto de tomarte en serio? Pues es hacer tiempo para dedicarte a lo que es importante para ti, como tu salud o tu desarrollo personal. Para tener actividades recreativas como hacer arte, aprender a tejer o tocar un instrumento. Solo cuando tomas en serio tus prioridades, el mundo estará listo para seguir tu ejemplo y tomarte en serio. Y es que esto de tomarse en serio en algo es el secreto de la autodisciplina. Y si pones atención al tener integridad y dar seguimiento a tus proyectos, te estás dando un regalo para ti y también para los demás. Verlo de esta manera te podría motivar a enfocarte.

## TENER LA AUTODISCIPLINA DE ESCRIBIR TU PROPIA HISTORIA

Conforme escribes tu historia marcas un camino del corazón donde quedan registradas tus batallas, logros y aprendizajes, según lo afirma Joanne Fedler en su libro *Tu historia: Cómo escribirla para que otros quieran leerla (Your story: how to write it so others want to read it*, 2017). Así que aprender a tomarte en serio te ayudará a crear la disciplina necesaria para crear el hábito de escribir tu historia. Tomarte en serio significa que te des el tiempo y el espacio para concentrarte y dejar que los sentimientos fluyan a través de tus dedos, en la computadora o en el papel.

Un secreto para darte el tiempo de escribir es ponerlo en tu calendario, como dice la entrenadora de negocios Marie Forleo, "si no está escrito en tu calendario, no existe" y esto aplica cuando se trata de crear la disciplina de escribir. Así que esta semana te pediremos que escribas al menos por siete minutos al día y te damos los detalles al final en tu hoja de tarea.

## EL CONTAR TU HISTORIA EN TU COMUNIDAD

Ayuda a que otros se sientan entendidos, motivados e inspirados. Una vez que tú te has contado tu historia desde varios puntos de vista, ya podrás con seguridad compartir esos momentos de tu vida que son adecuados al momento y a la circunstancia. De esta manera logras tener la disciplina de escribir de ti y tu historia personal se va transformando ante tus ojos. Te vas conociendo más, te vas haciendo menos dependiente de los demás y por supuesto te da herramientas para saber lo que deseas contar de ti a los demás. Digamos que cuando sabes lo que vas a decir y has decidido lo que quieres compartir, las conversaciones sociales te toman menos por sorpresa y te sientes más cómodo(a) hablando de ti cuando es necesario.

Al final de cuentas tu vida como la de todos los seres humanos es un peregrinar, es un camino que duele en algunos momentos y que hay momentos claros para disfrutar. Terminemos con esta reflexión de la poeta Mary Oliver, quién afirma que para vivir una vida tenemos que ser capaces de tres cosas:

1. De poner toda nuestra atención

2. De dejarnos asombrar

3. De transmitir lo que hemos presenciado.

 Recuerda hacer tu autorreflexión respondiendo a las preguntas localizadas en el apéndice A para este tema.

## NOTAS

_____

_____

_____

_____

_____

_____

_____

_____

_____

_____

# 10

# Manejo Compasivo de Conflicto

## OBJETIVO:

Que a través de esta lectura puedas poner en práctica habilidades de comunicación compasiva en el manejo de conflictos, e identificar las propias necesidades para lograr acuerdos de ganar-ganar.

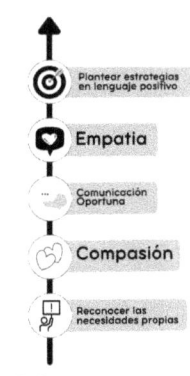

Figura 10.3

## HABILIDADES:

Durante este módulo aprenderás a reconocer las necesidades propias, a ejercer una comunicación oportuna y a plantear estrategias en lenguaje positivo mientras practicas la empatía y la compasión.

## DIFERENCIANDO CONFLICTO Y PROBLEMA

En toda relación interpersonal es natural que existan diferencias de opiniones, es decir, que haya conflicto. Es importante diferenciar entre conflicto y problema. Se crea el conflicto cuando dos personas o más expresan formas opuestas de captar el entorno, el conflicto es natural y se puede resolver aclarando dudas, el problema nosotros lo creamos al no tener apertura para aceptar estas diferencias y se puede ir en espiral si lo hacemos más grande hasta que lo perdemos de nuestro control. En el momento en que establecemos contacto con los demás expresamos nuestras necesidades, ya sea de manera abierta y explícita o a veces sin darnos cuenta de lo que verdaderamente deseamos o estamos pidiendo. Así que la tarea personal constante es reconocer nuestras necesidades y de ser posible notar la necesidad profunda en los demás, aunque no lo sepan expresar, según aclara el Dr. Marshall B. Rosenberg, un psicólogo norteamericano que se especializó en negociaciones pacíficas entre naciones en guerra.

## RECONOCER LAS NECESIDADES PROPIAS Y AJENAS

Marshall B. Rosenberg desarrolló el modelo de la comunicación no violenta porque pensaba que muy pocas personas saben reconocer sus necesidades, ponerlas en palabras, y menos aún expresarlas. Para una buena negociación, él argumentaba que es básico que te concentres en lo que necesitas y lo ofrezcas como material de entrada para aminorar el conflicto. Entrar de esta manera ante una discusión acalorada, parece un riesgo y te podría dar la sensación de sentirte vulnerable. Y ahora pongamos la situación al revés, tal vez sea que al no reconocer tus necesidades es cuando estás más vulnerable a tus sentimientos intensos de ira y resentimiento. De hecho, afirmaba Marshall que al no reconocer tus necesidades podrías caer en el error de criticar, enjuiciar o culpar al iniciar una conversación. Y tal vez tengas en tu vida algunos ejemplos memorables de cuando has empezado con una crítica o culpando y te hayas preguntado por qué las cosas no se resolvieron como esperabas.

Marshall, quien era un negociador para la paz entre parejas, tribus o países en guerra, te alerta a abandonar la expectativa de que obtendrás lo que quieres, y sugiere entrar en una negociación donde todas las partes saldrán beneficiadas. Es decir, hacer tratos de ganar-ganar. El ingrediente esencial para este tipo de acuerdos es la autocompasión y la compasión que ya hemos explicado en capítulos anteriores. Ahora, es importante que hablemos de estas habilidades en su aplicación al manejo de conflictos.

## EL USO DE LA COMPASIÓN EN EL MANEJO DE CONFLICTOS

Imagina por un momento lo que cambiaría en tu vida si adoptas la filosofía de que el conflicto no es algo malo, sino una diferencia de opiniones. Aprendiendo a apreciar el conflicto y darle la bienvenida como una oportunidad para crecer y ampliar tu visión de la vida te ayudará a recuperar tu armonía emocional. Claro que esto es fácil de pensar y hacer cuando vivimos en paz.

Es sorprendente cómo los seres humanos abandonamos nuestra paz para ir a pelear a veces por situaciones insignificantes. Imagina que estás ahí en tu sillón favorito disfrutando de la vida y una hermosa paz cuando te das cuenta de que un miembro de la familia se ha terminado su pedazo de postre y abre el refrigerador con tenedor en mano para ir ahora a comerse la parte que te corresponde. Si eres tan humano como la mayoría, pues es normal que haya un brinco en tu cuerpo y, puede que tengas las habilidades para manejar tus pensamientos y emociones. Por ejemplo, tal vez alcances a pensar "yo estoy bien", "puedo compartir porque amo a esta persona", "ya habrá oportunidad para que yo tenga otro postre", "¡claro, se lo puede comer!", en fin, que la forma en que manejas tus pensamientos te dará la habilidad de dejarlo pasar o ir a negociar de una manera no violenta y compasiva.

Por el contrario, si de verdad tenías ganas de ese pedazo de pastel, tienes opciones:

1. Te quedas con el enojo y no dices nada

2. Guardas la información para desquitarte después

3. Le quitas la intención de manera violenta

4. Lo negocias en ese momento de manera asertiva

Entre más educación emocional tengas más podrás convertir una reacción negativa o inoportuna en una elección positiva. Aquí es donde necesitarás tus habilidades para negociar y hacerlo de una manera compasiva, se puede aprender de manera amable y efectiva. Es decir, a comunicarse de manera no violenta, como Marshall llamó a su modelo de resolución de conflictos. Y así, en cosas sencillas como compartir un postre o tan grandes como el perdonar un acto terrible de violencia, las necesidades internas normalmente son las mismas: el volver a recuperar la paz, la alegría y la armonía interior.

## ENTENDER EL VALOR DE LA IRA Y CÓMO MANEJARLA

Tus emociones son un continuo y para recuperar tu armonía emocional es básico que reconozcas y le des su lugar a aquellas emociones que te son dolorosas, para que las puedas hacer conscientes y tengas la posibilidad de manejarlas de una manera responsable y compasiva. En este caso nos enfocaremos en la ira que, como indica Marshall B. Rosenberg es una señal de que algo te ha dolido en el conflicto y es bueno reconocerlo.

Rosenberg propone cuatro pasos para expresar tu ira:

El paso uno se refiere a pensar antes de actuar, guardando silencio y respirando profundamente. Y esto tiene sentido, ya que en la neurología de las emociones hemos aprendido que la amígdala (que es un ganglio basal en nuestro cerebro) se irrita ante una emoción intensa, y que el respirar profundo por al menos 10 segundos le da tiempo para aminorar la intensidad antes de mandar al cerebro la orden para reaccionar impulsivamente.

El paso dos se refiere a poner atención a nuestros juicios y entender que eres tú quien interpreta el evento y la forma en que lo haces, más que lo que pasa en tu mundo exterior. Más adelante te hablaremos de lo que es un juicio y cómo analizarlo.

El paso tres se refiere a tu capacidad de conectarte con tus necesidades reales. El enojo surge porque no tienes satisfecha cierta necesidad, por lo tanto, este enojo es una respuesta natural y muy entendible. El problema es que podrías estar desconectado(a) de la necesidad real y que en vez de investigar tu mundo interior, acusas de manera inmediata al mundo o aquellos que no cubren esa necesidad, sin que tú hayas expresado con claridad lo que deseas.

El paso cuatro se refiere a expresar de una manera constructiva tus sentimientos y tus necesidades no satisfechas. Y para que te sea más fácil te ponemos aquí el modelo de la comunicación no violenta clásico de Rosenberg.

**Modelo de la Comunicación No Violenta de Rosenberg**

**Cuando tú haces/dices...** te enfocas por horas en el teléfono.

**Yo pienso...** que ya no te importamos como familia

**Y me siento...** enojada, triste y frustrada
(recuerda: "siento que" es un pensamiento, no una emoción)

**Porque necesito...** que me ayudes con los niños y las tareas del hogar

**¿Es cierto...** que ya no te importamos?
(confirmar la conclusión a la que yo llegué)

**Y te pido que...** límites el uso de tu teléfono a media hora después de la cena

*Figura 10.4 Modelo de Comunicación no Violenta del Dr. Marshall Rosenberg*

Aunque este modelo de comunicación es práctico, directo y pareciera muy sencillo, no lo es, requiere bastante práctica y disposición. Para que reflexiones de manera más profunda aquí están los pasos de análisis interno que Rosenberg proponía en su libro *Viviendo la comunicación no violenta (Living non-violent communication,* 2012 p. 14):

1. Expresar tus propias necesidades

2. Percibir las necesidades de otros, a pesar de cómo se expresan.

3. Revisar si las necesidades (de ambas partes) han sido correctamente percibidas

4. Proveer la empatía que la persona necesita

5. Traducir las soluciones o estrategias propuestas a un lenguaje positivo.

## ENTENDER EL VALOR DE LA EMPATÍA

Hemos definido la importancia de la empatía, del manejo de las emociones y el de la compasión. Estos temas son fundamentales cuando estableces comunicación con otras personas. Es por este motivo imprescindible que revises la manera en cómo te comunicas contigo mismo(a) y con los demás, tomando en cuenta la forma en cómo expresas tus necesidades y escuchas las de otras personas.

La empatía es la intención de comprender los sentimientos y emociones, intentando experimentar de forma objetiva y racional lo que siente otro individuo. Al proceder con empatía no significa que estás de acuerdo con el otro, ni tampoco quiere decir que dejes de lado tus propias convicciones o asumas las del otro como tuyas. Es más, puedes estar en completo desacuerdo con alguien sin dejar de ser empático(a), respetando su posición y aceptando como legítimas las motivaciones del otro.

## COMUNICACIÓN OPORTUNA

Somos seres sociales por naturaleza y es importante aprender a relacionarse y funcionar adecuadamente en diversos contextos, como pueden ser: con uno mismo, de persona a persona, en una interacción grupal, por mencionar algunos. Comunicarse implica un proceso por medio del cual un individuo establece con otro un contacto que le permite transmitir una información. En otras palabras, es poner en común una información, un sentimiento, una necesidad, entre otras cosas.

Siempre estás comunicando incluso cuando estás callado(a). Cuando los clientes en terapia se quejan de que la otra persona no se comunica, es necesario que entiendan que hay formas no verbales de comunicarse. La comunicación está compuesta por diferentes dimensiones como: la observación, creación de juicios, la retroalimentación, el lenguaje y la escucha. En nuestro pensamiento hacemos sentido del mundo a través de crear juicios y por eso es tan importante que analicemos en más detalle este proceso.

En capítulos anteriores ya hemos mencionado el valor de tener una observación pura a través de experimentar el mundo basándonos en la fenomenología. Puedes regresar al capítulo cuatro si requieres ampliar sobre la observación. Ahora nos concentramos en el tema de los juicios.

La palabra juicio proviene del latín *iudicium*, y se puede aplicar en diferentes contextos. El juicio es tu opinión, es la brújula que te dirigirá hacia la realidad como tú la quieres ver. Considera entonces que cuando elaboras un juicio, te basas en lo que eres y sabes. Así que, es muy sabio sospechar que está influido por tu forma de pensar. Esto no es bueno ni malo, simplemente refleja al observador que eres, con tus experiencias, con tus preferencias y tus políticas de vida. Un juicio entonces puede ser fundado o infundado. Por ejemplo, yo puedo pensar "qué linda persona" o "es tan organizada" o puedo pensar lo contrario. Hacer juicios sin fundamento significa criticar, establecer comparaciones o elaborar presuposiciones sin antes corroborarlas.

Para desafiar y fundamentar tus juicios es importante que revises el para qué de tu intención; si los valores en que te basas provienen de tradiciones obsoletas o en experiencias de tu realidad; tener honestidad acerca del conocimiento que tienes en este tema; qué generalizaciones estás haciendo, como por ejemplo si estás usando palabras como "siempre", "nunca", "jamás" y otras que apoyan frases de pensamiento blanco o negro; y reflexionar en qué hechos te basas para emitir ese juicio. Y por último, si has contemplado opiniones contrarias.

Aplicar lo anterior te ayuda a no emplear juicios hacia otras personas con los cuales calificas una actitud como errónea o inadecuada solo porque no va de acuerdo a tus valores. Por ejemplo, cuando le dices a alguien que es egoísta, flojo, mediocre, entre otros. Y te facilita el hacerte responsable por las consecuencias de tus decisiones sin echar la culpa a alguien de eso que te sucede.

Si te fijas, hasta ahora solo hemos hablado de lo que pasa en tu interior en el proceso de la comunicación. Ahora hablemos de tu mundo exterior expresado a través de tu lenguaje verbal y no verbal. El lenguaje es una herramienta fundamental para que establezcas comunicación en todas tus relaciones interpersonales, como son: pareja, familia, escuela, compañeros de trabajo, negociaciones, comunidad en general. Y ¿Qué se entiende por lenguaje? De acuerdo al diccionario, el lenguaje es la capacidad propia del ser humano para expresar pensamientos y sentimientos por medio de la palabra, los movimientos corporales y nuestros gestos. El cómo usas tu lenguaje te permite acercarte o alejarte a otro ser humano.

Para lograr que una comunicación sea oportuna requiere que explores las condiciones que hacen que tu comunicación sea provechosa, es decir, que analices el lenguaje que utilizas, la forma en cómo dices las cosas, la intención del mensaje, el momento en el que lo expresas y el lugar en dónde se lleva a cabo la comunicación. Desarrollar esta habilidad de saber decir las palabras acertadas en el momento oportuno es indispensable para que entables relaciones interpersonales sanas y que generes confianza, la cual es un fundamento en cualquier relación humana. Marshall B. Rosenberg, describe a la comunicación como una manera de relacionarnos que nos lleva a dar desde el corazón.

Otro elemento fundamental para que la comunicación oportuna tenga lugar es que sepas escuchar. Y este es el proceso que consiste en recibir y responder mensajes hablados o no verbales, captando sentimientos, ideas o pensamientos que subyacen a lo que se está diciendo. En este proceso la atención es lo que marca la diferencia entre escuchar y oír. Por ello es indispensable que mantengas el interés y la atención de la otra parte mientras te comunica algo, demostrándole que te interesa lo que dice y que estás prestando atención.

Y cuando haces uso de la comunicación no violenta que Marshall B. Rosenberg propone, primero necesitas escuchar tus necesidades más profundas y las de los demás para poder percibir las relaciones desde una nueva perspectiva. Marshall considera que, pese a que quizás no consideres "violenta" tu actitud al hablar, a menudo tus palabras ofenden o hieren no sólo a los demás, sino también a ti mismo(a).

Ahora, algo muy importante es que, para que tu escucha sea efectiva, necesita ser activa y aquí te dejamos los elementos que se requieren para que así sea:

1. Muestra interés – mantén el contacto visual

2. Neutraliza tus sentimientos – mantén una mente abierta

3. Permanece concentrado(a) en el objetivo, no te desvíes del tema central

4. Evalúa tu comprensión – replantea y resume

5. Conjunta el lenguaje corporal a las palabras – busca las inconsistencias

6. Escucha datos, pensamientos, sentimientos y deseos

En este capítulo te hemos proporcionado herramientas que requieren de tu paciencia y persistencia para que las puedas dominar, además de un deseo profundo de seguir en tu camino de transformación. Regresa a este material cuántas veces te sea necesario, imprime lo que te parezca importante y tenlo siempre a la mano. Así, poco a poco verás cómo no solo resuelves los conflictos que ya tienes, sino que aprendes a ser más cauteloso(a) en tu manera de actuar. ¡Recuerda tómarte en serio!

Recuerda hacer tu autorreflexión respondiendo a las preguntas localizadas en el apéndice A para este tema.

## NOTAS

_____

_____

_____

_____

_____

_____

_____

_____

_____

_____

# 11

# Tener una Práctica Espiritual que te Sostenga

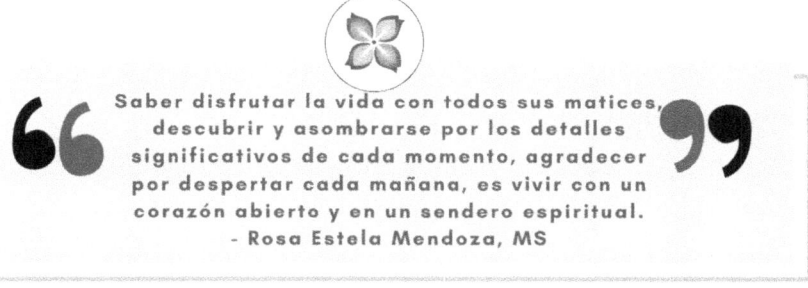

> Saber disfrutar la vida con todos sus matices, descubrir y asombrarse por los detalles significativos de cada momento, agradecer por despertar cada mañana, es vivir con un corazón abierto y en un sendero espiritual.
> - Rosa Estela Mendoza, MS

**OBJETIVO:**

Que a través de esta lectura puedas distinguir entre espiritualidad y religión, reflexionar sobre la importancia de la espiritualidad en el desarrollo personal y en el trabajo en equipo, y descubrir herramientas personales para vivir la espiritualidad conscientemente.

Silencio

Vivir en el presente

Apertura

Sensibilidad

Apreciación

*Figura 11.3*

**HABILIDADES:**

Durante este módulo practicarás la sensibilidad y apertura, mientras aprendes a apreciar el vivir en el presente, y el silencio.

## DIFERENCIA ENTRE RELIGIÓN Y ESPIRITUALIDAD

Hemos llegado a un tema fundamental en la vida de las personas. Un tema que no es sencillo de abordar por la profundidad que este tiene y por los muchos enfoques que pueden dársele. Hablar de religión y espiritualidad no es lo mismo, aunque la relación que existe entre ambos conceptos es muy estrecha. Iniciemos con el concepto de religión, el cual tiene su origen en el término latino religĩo y se refiere al credo y a los conocimientos dogmáticos sobre una entidad divina, es decir, la relación que existe entre lo que se considera sagrado o divino. Una religión puede estar conformada por sus explicaciones, historias y símbolos que buscan dar sentido a la vida o explicar su origen. Implica un vínculo entre el hombre y su Dios. De acuerdo a sus creencias, la persona orientará su comportamiento según una cierta moral y realizará determinados ritos como la oración, procesiones, rituales, bautizos, oficios matrimoniales, oficios funerarios, entre otros.

La religión implica una preocupación con lo sagrado y los valores supremos de la vida, mientras que en la espiritualidad se refiere a la experiencia directa de lo sagrado, según afirma Roger Walsh, un filósofo, psiquiatra y antropólogo norteamericano, en su libro *Espiritualidad Esencial (Essential Spirituality*, 1999.) Algunas veces las prácticas religiosas intentan alcanzar lo sagrado a través del sufrimiento y la penitencia, cada una en su propia forma y cultura.

Mientras que las prácticas espirituales se enfocan en lograr sentimientos como alegría, la capacidad de disfrutar, la capacidad de jugar y tener sentido del humor. En la espiritualidad se invita a apreciar, entender y aceptar las emociones intensas como parte de nuestro crecimiento. En las prácticas espirituales no se enaltece el sufrimiento como camino hacia el crecimiento espiritual, sino más bien se busca fomentar la tolerancia, la paciencia y el autoconocimiento. El objetivo de las prácticas espirituales es despertar la conciencia, según resume Roger Walsh y más adelante nos enfocaremos en describir las siete prácticas que él sugiere. Primero hablemos de lo que es la espiritualidad.

## EL SIGNIFICADO DE SER ESPIRITUAL

Un espíritu fuerte es siempre estar dispuesto a recibir luz, fuerza y bondad. Así como abrirse a las posibilidades de sentirse parte de un espíritu creador. Es darle a la vida un significado a su existencia. Una vida con significado implica tener clara tu identidad y misión en el mundo. Y una vez que has profundizado este autoconocimiento, es más fácil que definas tus propósitos basados en tus valores personales. Y las formas que escoges para aumentar esa fuerza espiritual, es lo que llamamos espiritualidad.

La espiritualidad es la manifestación del Espíritu Divino en el hombre. Es la expresión de la esencia del SER. Esta esencia es la sustancia de la vida y se manifiesta en energía, fortaleza vital, mental, física y dinámica. También se manifiesta en valores como la dignidad, la verdad, el coraje, la justicia y la paz. Los resultados más evidentes son el equilibrio y el dominio propio.

Entre los que intentan alcanzar la espiritualidad podemos encontrar aquellas personas que, aún sin haber obtenido la paz interior, logran entender y explicar los conceptos de manera intelectual. Y el conocimiento intelectual no es suficiente para hacer fuerte nuestro espíritu, aún quedan muchas horas de práctica y ver los resultados en forma de un balance físico, emocional y por supuesto espiritual. A este balance le llamaremos transformación.

De tal manera que habrá personas que, siendo hábiles para explicar sus avances, no son capaces de mostrar compasión, amor, perdón o paz interior, entre otros atributos espirituales. Así que estas personas, promoviéndose como espirituales y a veces iluminadas, con tristeza y vergüenza ajena, podrás ver cómo no manejan sus emociones y sus reacciones. Su conducta podrá ser incongruente y muchas veces en realidad no es mal intencionada, ya que puede ser que no se den cuenta de su falta de fortaleza espiritual y culpen a los demás por no ser tan avanzados como ellos. A este fenómeno se le conoce en la psicología transpersonal como "bypass espiritual". Por ejemplo, la persona que comete injusticias en el nombre de Dios, la persona que te sonríe en las iglesias o centros espirituales y te critica a tus espaldas o quien se molesta y te agrede cuando pasas por su tapete de yoga mientras está en su meditación.

En la espiritualidad plena no existe la comparación de quien medita más, quien ha alcanzado más iluminación o quien tiene más experiencias cumbre en su práctica. Las personas con un espíritu fuerte, por el contrario, viven con humildad, aceptación y tolerancia hacia quienes le rodean. Tienen claridad en quienes son y se mueven con fluidez entre las buenas y las malas rachas de la vida. Un factor que ayuda a darte cuenta cuando te encuentras con esas personas es que te sientes libre de ser tu mismo(a), que te sientes atraído(a) hacia esa persona porque irradia tranquilidad, amor y sencillez. Como ejemplo basta escuchar las historias de cómo la Madre Teresa de Calcuta logró impactar positivamente a personas de toda raza y condición social.

Recordemos entonces que no es necesario pasar por la religión o tener una práctica religiosa para llegar a ser espiritual, a algunas personas les vendrá muy conveniente hacer prácticas religiosas, mientras que otras serán quienes limiten el camino de desarrollo a sus seguidores, normalmente son esos miembros de las religiones que viven en bypass espiritual. Y de ahí la importancia de seleccionar las formas propias de fortalecer tu espíritu.

## BENEFICIOS DE FORTALECER EL ESPÍRITU

Iniciar tu día sabiendo que eres amor y que por derecho de nacimiento te corresponde lo mejor que ese día puede ofrecer, es abrir el corazón a nuevas experiencias con la candidez y la dulzura que un niño lo haría. Y, ¿qué tal si no soy digna de amor? ¿Qué tal si mis experiencias y la forma que me ha tratado la vida me han enseñado que soy menos y no merezco? La buena noticia es que no importa cuán amargas experiencias hayas tenido, siempre hay una forma de empezar a trabajar tu espiritualidad y, se puede empezar por pasos pequeños que Roger Walsh llama prácticas espirituales.

Acudir a psicoterapia para reducir tu ansiedad, manejar tu depresión o resolver tus conflictos es importante incluir el trabajo de la espiritualidad. Y en esto son especialistas los psicólogos transpersonales. Así que, trabajar tus emociones es solo el primer paso para limpiar el camino hacia una vida plena y satisfactoria que se logra con un espíritu fuerte. Las prácticas espirituales te ayudan a desarrollar una mayor empatía y sensibilidad a las emociones en ti mismo(a) y en los demás. Y te ofrecen grandes regalos cómo aprender a abrir el corazón aún en circunstancias que te pudieran provocar enojo, miedo, celos o envidia.

En términos psicológicos, el trabajar tu espiritualidad, te trae beneficios como: reducir la ansiedad, desarrollar la paz interior, aumentar la creatividad, inteligencia y desarrollo académico. Además de ayudarte a tener un mayor control de tu temperamento y crear una mejor relación con las personas que te rodean.

Entre los beneficios físicos de las prácticas espirituales se encuentra el reducir el estrés, regular la presión sanguínea y bajar tus niveles de colesterol. Aliviar el insomnio, los espasmos musculares, la migraña y el dolor crónico, son algunos beneficios estudiados y documentados de meditar. Según agrega Roger Walsh, la meditación ayuda a que las personas sean más felices, funcionen mejor y vivan más años en comparación con quienes no meditan, esto en un estudio que se hizo con pacientes viviendo en un centro para los ancianos.

Cuando intentas llevarte mejor con otros sin hacer cambios en tu persona o pedir que te amen más de la forma como tú quieres, te desgastas porque lo estás haciendo desde la carencia de amor y desde la incredulidad de que eres merecedor(a). Sin embargo, cuando desarrollas tu espiritualidad es como entrar a la casa por la puerta grande. Trabajar en disolver los miedos y enfrentar tus emociones más intensas e incómodas desde el amor es ya de entrada un camino donde vas ganando a cada paso. No es necesario que entres en batallas donde solo tienes miedo de cuánto vas a perder o cuánto le puedes arrebatar al otro.

## PRÁCTICAS ESPIRITUALES BÁSICAS

Las claves para tener éxito en estas prácticas es que empieces de una manera fácil, que decidas por cuánto tiempo, que no hagas excepciones, que observes tus aprendizajes, que seas gentil contigo mismo(a), que tengas el sentido del humor para empezar de nuevo cuántas veces sea necesario, que escribas tus reflexiones y que seas capaz de disfrutar mientras desarrollas tu espiritualidad.

Cómo bien lo ha dicho la escritora y experta en *Un Curso de Milagros*, Marianne Williamson, es nuestra luz y no nuestro miedo lo que nos asusta. Así que la disciplina de las prácticas espirituales puede generarte cierto temor al abandonar esa definición que tienes de ti para crear una nueva. Es normal que tengas miedo a entrar a lo desconocido, aunque de antemano sepas que tu nuevo ser estará más alineado con lo que has anhelado tanto tiempo.

También es muy recomendable que te allegues toda la ayuda necesaria mientras te desarrollas espiritualmente. Aquí está la bendición de las religiones, que cuando lo hacen de una manera amable y amorosa son muy útiles, como también es importante que escojas con consciencia aquellos grupos a los que te has de unir para desarrollar tu práctica espiritual en buena compañía. Recuerda, con o sin una religión, la tarea a desarrollar es la misma.

Roger Walsh propone siete prácticas esenciales para el desarrollo espiritual, él ha desarrollado estas prácticas basadas en el estudio de más de 20 años de varias religiones y centros espirituales alrededor del mundo y te sugerimos leer su libro *Espiritualidad Esencial*. Por ahora te las explicaremos brevemente en el siguiente apartado.

## 1. Encuentra el deseo de tu alma

Para poder encontrar el deseo de tu alma es importante que sepas distinguir lo que vamos a llamar las ansias. Las ansias son aquello que buscas para satisfacer necesidades emocionales y corporales inmediatas, por ejemplo: comer de más, trabajar en exceso o ser consumista. Esto a veces tiene muy poco que ver con tu desarrollo espiritual y más bien con tu miedo a la incomodidad y el sufrimiento emocional. Es muy bueno que pidas lo que necesitas y te hagas llegar lo que ayuda a tu cuerpo a estar confortable y que tengas una vida bastante cómoda. Sin embargo, a veces te sentirás con ansias de lograr aquello que bien sabes que no es una necesidad básica para tu desarrollo espiritual. Por ejemplo, es muy bueno que te gusten los lujos y aprecies una bolsa o unos zapatos bonitos y caros; sin embargo, podrías entorpecer tu desarrollo espiritual si te empeñas en comprarlos, si están muy fuera de tu alcance financiero, añadiendo el estrés de una deuda.

El consumismo y otras adicciones impiden que llegues a tu desarrollo espiritual, de hecho, en psicología hay estudios que han demostrado que para ser felices las personas necesitan tener sus necesidades básicas cubiertas y también estar cómodos. Tener un lugar amplio, limpio y dónde descansar, tener un transporte que les lleve de una manera segura, que sea agradable y esté limpio, tener los alimentos necesarios y las formas de entretenimiento adecuadas. Sin embargo, estos estudios han demostrado que el hecho de tener más dinero, o más pertenencias, no se traduce en la cantidad de felicidad que una persona logra. Al contrario, algunas veces las personas no están preparadas para manejar estos regalos del mundo y se convierten en infelices porque entonces se han apegado a ellos y no saben cómo dejarles ir cuando es necesario.

¿Cómo puedes diferenciar entre las ansias y los deseos del alma? Walsh considera que las ansias es todo aquello que te anestesia a sentir la vida y esto te lleva a la infelicidad, esta es la diferencia entre lo que ansiamos (i.e. fama, poder) y lo que tenemos. Si sueltas el ansia, el abismo desaparece. Es importante poner atención en cómo se siente tu mente, cuando ya no existe la presión hacia las ansias surge un deseo profundo y maduro por buscar la belleza, por ser altruista, por buscar la verdad y ser justo(a). Y Walsh menciona en su libro *Espiritualidad Esencial* que en la historia de las religiones han resaltado que tenemos ese deseo profundo de lo bueno, lo bello y lo verdadero.

En pocas palabras, los deseos del alma te llaman a la trascendencia y a sentirte parte de un todo. Este deseo de trascender te llevará a la búsqueda del camino que te permita expresar esa riqueza personal que es parte de ti y algunas de las herramientas que elijas pueden ser la poesía, el arte, la pintura, la música o la naturaleza. Walsh considera que, a medida que avanzas en el camino de la búsqueda, el esfuerzo se irá haciendo más liviano, hasta casi desaparecer. Y entonces, en lugar de perseguir tu dicha, te dedicarás cada vez más a expresarla. El buscador se habrá convertido en iniciado. En otras palabras, en sabio.

## 2. Sana tu corazón y aprende a amar

Esta práctica se enfoca en aprender a amar. Te impulsa a que cultives tu sabiduría emocional, ya que las emociones te llevan a matizar lo que ves a tu alrededor y si es amor lo que sientes, te conectas a saber dar y recibir. El amor es un sentimiento que ha sido valorado por todas las religiones porque es una gran fuerza que mantiene el universo y a todo ser vivo. Lo fundamental es darte cuenta de que el amor vive dentro de ti. Cuando reconoces que eres un Ser completo y único, surge el amor maduro que se basa en la autosuficiencia y en el ser íntegro.

## 3. Vive de manera ética

Esta práctica se refiere a que hagas el bien y que cuides no dañar a otros y para poder lograr esto Walsh considera que es necesario comenzar por sanar las heridas personales y las que has ocasionado a otros por faltas éticas. Para poder resolver estas heridas, cada persona elegirá diferentes acciones. Walsh recomienda que, si has sido tú quien ha ocasionado dolor a otro, lo primero es pedir perdón y buscar soluciones que te lleven a un aprendizaje. En el caso de que tú hayas sido dañado(a), evita devolver el ataque y busca apoyo en alguien de confianza, para hablar de lo que te ocurrió.

## 4. Concéntrate en calmar tu mente

La mente no para y de pronto se mueve hacia el pasado o hacia el futuro y esto puede generarte mucho cansancio. ¿Cómo puedes entrenar la mente? Por medio del cultivo de la atención. Es importante observar qué pones en tu mente, y qué expresas al hablar. Ciertamente, te conviertes en lo que piensas. Algunas herramientas como la meditación, el yoga y la práctica de respiración pueden ayudarte a llevar la mente al silencio.

## 5. Despierta tu visión espiritual para ver lo sagrado en todo

Dice el Talmud "No vemos las cosas como son, sino como somos". En muchas ocasiones el ritmo de la vida te mantiene distraído(a) de los detalles de cada momento, como son: un amanecer, el olor de un jardín recién regado, el aroma y sabor de la comida, la sensación al dar o recibir un abrazo. De aquí la importancia de mantener una atención plena en tu diario vivir. Despertar hacia lo espiritual requiere aprender a estar presente momento a momento, ya que esto te permite responder con consciencia, apreciando lo sagrado en ti y en todo lo que te rodea.

## 6. Cultiva la Inteligencia Espiritual

Este principio te invita a cultivar la sabiduría interior, la cual te lleva a tener una comprensión más profunda de temas centrales en la vida como son, el sentido de tu vida, tu misión, la forma en la que estableces tus relaciones con otras personas, aceptar los momentos de estar en soledad, fluir frente a la incertidumbre, aceptar la existencia de la muerte, entre otros. Cuando tu visión cambia y no te resistes ante estos temas, sino por el contrario, les das un lugar importante en tu existencia, la sabiduría se hace presente en tu vida y se refleja como paz en tu alma.

La sabiduría interior no se adquiere estudiando en la universidad. Roger Walsh menciona que, para acercarte a ella, hay cinco fuentes importantes a las que puedes recurrir:

1. La naturaleza

2. El silencio y la soledad

3. Personas sabias

4. Tú mismo(a)

5. La reflexión sobre la vida y la muerte

Y sugiere algunos ejercicios para desarrollarla:

- Pasar tiempo en silencio y soledad

- La lectura de textos sagrados

- Reconocer a todas las personas que te han enseñado algo

- Disfrutar de la compañía de los sabios

- Descubrir tu filosofía de vida

- Pedir ayuda a tu sabio interior

- Revisar tu vida antes de irte a dormir

## 7. Expresa tu Espíritu en Acción

La acción se manifiesta brindando un servicio con alegría y generosidad. Este principio te lleva a aprender a dar con un corazón abierto. Y es en este principio en donde el servir a otros cobra sentido, pues está comprobado por la psicología que las personas más generosas son más felices y saludables que aquellas que no brindan nada de su parte. ¿Qué hace que esto sea así? Cuando brindas apoyo se genera en ti el placer de ayudar y este te ayuda a disipar emociones negativas como la avaricia, el egoísmo e incluso los celos. Esto hace que tus emociones positivas se fortalezcan.

Estás desarrollando este principio de espiritualidad si tu enfoque es dar desde el corazón y disfrutar de ese servicio y no solo cuando apoyas a tu comunidad o a tus compañeros(as) de equipo. Hacer crecer una comunidad te da un profundo sentido de pertenencia y cuando disfrutas tu labor eres más feliz. Para alcanzar este nivel de ayuda es indispensable que tengas clara la forma en la que te gusta servir, la cual necesita estar basada en tus habilidades y fortalezas.

El mundo necesita del apoyo de seres humanos sabios y dispuestos a dejar un legado en la comunidad a la que pertenece. Cuando tú haces esa labor y tu alma se engrandece con ello. Mantenlo presente y sigue adelante que este mundo te necesita a ti y a todos los que somos parte de él.

Recuerda hacer tu autorreflexión respondiendo a las preguntas localizadas en el apéndice A para este tema.

NOTAS

_____

_____

_____

_____

_____

_____

_____

_____

_____

_____

_____

# Apéndice A
## Autorreflexiones Para Cada Tema

**TEMA 1.**

- ¿Qué es para ti una necesidad?

- ¿Qué importancia le das a la atención de tus necesidades?

- ¿Conoces tus necesidades?

- ¿Qué necesidades atiendes primero, las tuyas o las de los demás? ¿Por qué?

- ¿Qué pasos inmediatos puedes hacer para aumentar tu egoísmo al 1% después de esta lectura?

**TEMA 2.**

- ¿A qué cambios has tenido que enfrentarte últimamente?

- ¿Cómo te sientes con esos cambios en tu vida?

- En esos cambios que has vívido, ¿Has descubierto por qué fue importante ese cambio para ti?

- Cuando generas un cambio, ¿Cómo es tu motivación?

- En algún cambio que realizaste últimamente, ¿Qué pasos seguiste?

- Para realizar el cambio, ¿Tuviste que aprender algo nuevo? Si así fue, descríbelo.

- ¿Cuáles son las acciones o pasos que debes tomar para hacer los cambios que necesitas este año?

- ¿Qué pasos inmediatos puedes hacer para aumentar tu egoísmo al 2% después de esta lectura?

## TEMA 3.

- En pocas palabras, ¿cómo te describes?

- ¿Qué es lo que más aprecias de ti?

- ¿Qué es lo que no te gusta de ti?

- ¿Qué te molesta de otras personas?

- ¿Qué has hecho para transformarte?

- ¿Qué es lo que más críticas o juzgas de ti?

- ¿Cuáles emociones te da trabajo manejar en ti?

- ¿Cómo te comunicas contigo mismo(a)?

- ¿Qué pasos inmediatos puedes hacer para aumentar tu egoísmo al 3% después de esta lectura?

## TEMA 4.

- Después de haber revisado el material, ¿cómo defines en tus palabras la Fenomenología?

- ¿Qué cambios requieres hacer en la forma que percibes en tu vida?

- ¿Cuáles son los aprendizajes que obtienes después de leer sobre este tema?

- ¿Qué es lo primero que pondrás en práctica para aplicar la fenomenología en tu vida?

- Menciona una acción de liderazgo, basada en el tema de fenomenología, que llevarás a cabo con tu comunidad

- ¿Qué pasos inmediatos puedes hacer para aumentar tu egoísmo al 4% después de esta lectura?

## TEMA 5.

- ¿Hay esperanza en tu vida?

- ¿Cuáles son los momentos en que te has sentido con esperanza?

- ¿Te consideras una persona con apertura? Si o no y ¿Por qué?

- ¿Te dedicas tiempo?

- Escribe tres actividades que haces para estar contigo

- ¿Qué aspectos de tu historia actual deseas cambiar?

- Ahora, de esos aspectos de tu historia, ¿Cuál sería tu nueva visión?

- ¿Qué pasos inmediatos puedes hacer para aumentar tu egoísmo al 5% después de esta lectura?

## TEMA 6.

- ¿Qué son para ti las emociones?

- Describe cómo es el manejo que haces de tus emociones

- ¿Qué emociones te gustaría aprender a manejar mejor?

- Después de realizar esta lectura, ¿Con qué aprendizajes te quedas?

- ¿Qué pasos inmediatos puedes hacer para aumentar tu egoísmo al 6% después de esta lectura?

## TEMA 7.

- ¿Qué aprendes de la compasión en esta lección?

- ¿De qué manera crees que la compasión puede apoyarte en tu vida?

- ¿En qué situaciones has sido compasiva con otros?

- ¿En qué situaciones has sido compasiva contigo misma?

- ¿Cómo puede apoyarte la compasión como líder?

- ¿Qué pasos inmediatos puedes hacer para aumentar tu egoísmo al 7% después de esta lectura?

## TEMA 8.

- ¿Cómo trabajarás para desarrollar tu poder interior?

- Describe alguna experiencia en que hayas utilizado tu poder interior

- ¿Qué significa ser líder para ti?

- ¿Qué características consideras que tiene un buen líder?

- ¿Qué necesitas para enriquecer tu liderazgo?

- ¿Qué pasos inmediatos puedes hacer para aumentar tu egoísmo al 8% después de esta lectura?

## TEMA 9.

Escribe cada día algunas páginas acerca de ti. Para facilitar la tarea te ponemos a continuación frases con la que puedes empezar para inspirarte. Estas frases no tienen que ser tomadas en orden y solo son ejemplos, tú puedes inventar tus propios temas, por supuesto. Pon una alarma por siete minutos y empieza a escribir hasta que suene. Si suena y todavía tienes inspiración, pues no te detengas hasta que sea suficiente o tus actividades diarias te lo requieran.

- Lo que me ha puesto de rodillas...

- Lo más triste que he estado...

- Mis más profundos arrepentimientos...

- Un momento en el que tuve un verdadero conflicto y cómo lo resolví...

- El peor estrés que jamás he experimentado...

- Lo que más agradezco en mi vida es...

- La paz más profunda que he conocido...

- ¿Qué pasos inmediatos puedes hacer para aumentar tu egoísmo al 9% después de esta lectura?

## TEMA 10.

Anota un conflicto que te preocupa en este momento (usa uno sencillo para esta práctica y deja el más intenso para cuando hayas ganado maestría).

- Identifica tu necesidad real basándote en los cuadros de sentimientos.

- Haz tu análisis interno basado en los pasos expuestos en esta lectura

- Aplica el modelo de comunicación no violenta primero en tu cuaderno y después en la vida real

- ¿De qué te das cuenta al reflexionar sobre tus necesidades?

- ¿Qué pasos inmediatos puedes hacer para aumentar tu egoísmo al 10% después de esta lectura?

## TEMA 11.

- Describe ¿cómo vives tu espiritualidad?

- ¿Qué herramientas necesitas para profundizar en tu espiritualidad?

- ¿Qué pasos darás para trabajar en tu espiritualidad?

- ¿Qué te ha enseñado de la espiritualidad el ser líder?

- ¿Qué aprendiste de ti en esta lección?

- ¿Cómo te sientes ahora que YA ERES 10% MÁS EGOÍSTA?

# Bibliografía

André, C., & Díez, S. (2021, Octubre 25). Estado de ánimo o emociones:
¿qué nos influye más? Cuerpomente. Recuperado en Agosto 22, 2022
del enlace https://www.cuerpomente.com/salud-mental/emociones-
estados-de-animo-diferencias-influencia_6385/

Association for Psychological Science. (2018, Junio 20). Harlow's Classic
Studies Revealed the Importance of Maternal Contact. Association for
Psychological Science. Recuperado en Julio 12, 2022 del enlace
https://www.psychologicalscience.org/publications/observer/obsonlin
e/harlows-classic-studies-revealed-the-importance-of-maternal-conta
ct.html

Bisquerra, R. (n.d.). El contexto en que aparece la inteligencia emocional –
Rafael Bisquerra. Rafael Bisquerra. Recuperado en Agosto 23, 2022 del
enlace https://www.rafaelbisquerra.com/inteligencia-emocional/
el-contexto-en-que-aparece-la-inteligencia-emocional/

Bisquerra, R. (n.d.). La inteligencia emocional según Salovey y Mayoer
– Rafael Bisquerra. Rafael Bisquerra. Recuperado en Agosto 23, 2022 del
enlace https://www.rafaelbisquerra.com/inteligencia-emocional/la-
inteligencia-emocional-segun-salovey-y-Mayoer/

Bloch, S. (2002). Al Alba de las emociones. Grijalbo Mondadori.

The Book Brigade. (2018, Mayo 17). Seven Steps to Inner Power. Psychology Today. Recuperado en Septiembre 8, 2022 del enlace https://www.psychologytoday.com/us/blog/the-author-speaks/201805/seven-steps-inner-power

Briz, E. C. (2021, Febrero 18). Conocer, aceptar e integrar nuestra sombra. Centro Psicológico Loreto Charques. Recuperado en Julio 16, 2022 del enlace https://www.centropsicologico loretocharques.com/post/conocer-aceptar-e-integrar-nuestra-sombra

Cameron, J. (2021). El Camino del Artista: Un curso de descubrimiento y rescate de tu propia creatividad (10th ed.). Penguin Random House Grupo Editorial.

Cano, P. (2020, Septiembre 16). Los ancestros nos influyen: la terapia de constelaciones familiares. Cuerpomente. Recuperado en Septiembre 15, 2022 del enlace https://www.cuerpomente.com/salud-natural/terapias-naturales/ancestros-nos-influyen-constelaciones-familiares_7035

Corbin, J. A., Torres, A., Rodríguez, E., Montagud, N., Figueroba, A., Molina, X., Camacho, R., & García, J. (2017, Junio 9).Autoconocimiento: definición y 8 consejos para mejorarlo. Psicología y Mente. Recuperado en Julio 16, 2022 del enlace https://psicologiaymente.com/psicologia/autoconocimiento

Del Valle López, A. (1998). Educación de las emociones. Educación, 7(14), 169-198. https://dialnet.unirioja.es/servlet/articulo?codigo=5056784

Echeverri, D. (2023, Febrero 20). Las etapas del desarrollo psicosocial de Erikson - Mejor con Salud. Mejor con

Salud. Recuperado en Marzo 15, 2023 del enlace
https://mejorconsalud.as.com/etapas-desarrollo-psicosocial-erikso
n/

Encontrando conexión y serenidad ante los desafíos del COVID-19
— CNV México. (2020, Marzo 30). CNV México. Recuperado en
Septiembre 27, 2022 del enlace http://www.cnvmexico.org.mx
/2020/03/30/encontrando-conexion-y-serenidad-ante-los-desafios-
del-covid-19/

Fedler, J. (2010). When Hungry, Eat. Allen & Unwin.

Fedler, J. (2017). Your Story: How to Write it so Others Will Want to Read
it. Hay House.

García, P. (2021, Agosto 9). La Teoría de las Necesidades y Pirámide de
Maslow. PsicologosOnline.cl. Recuperado en Julio 12, 2022 del enlace
https://www.psicologosonline.cl/articulos/la-teoria-de-las-necesida
des-y-piramide-de-maslow

Goleman, D. (1998). La inteligencia emocional. Vergara.

Guerri, M. (2012, Enero 30). Biografía de Paul Ekman(1934).
PsicoActiva.com. Recuperado en Agosto 22, 2022, del enlace
https://www.psicoactiva.com/biografias/paul-ekman/

Henley, W. E. (1888). Invictus. In A book of verses(pp. 56-57). Strand.

Hiatt, J. (2006). ADKAR: A Model for Change in Business, Government,
and Our Community. Prosci Learning Center Publications.

Junio ja, P. (n.d.). Expectancy Theory of Motivation. Management Study Guide. Recuperado en Agosto 11, 2022 del enlace https://www.managementstudyguide.com/expectancy-theory-motivation.htm

Kenrick, D. T., Griskevicius, V., Neuberg, S. L.,& Schaller, M. (2010, Mayo 18). Renovating the Pyramid of Needs: Contemporary Extensions Built Upon Ancient Foundations. National Center for Biotechnology Information. Recuperado en Julio 12, 2022 del enlace https://www.ncbi.nlm.nih.gov/pmc/articles/PMC3161123/

Kim, T. Y. (1991). Seven Steps to Inner Power: A Martial Arts Master Reveals Her Secrets for Dynamic Living (1st ed.). New World Library.

Kurt, S. (2021, Mayo 23). McClelland's Three Needs Theory: Power, Achievement, and Affiliation. Education Library. Recuperado en Julio 12, 2022 del enlace https://educationlibrary.org/mcclellands-three-needs-theory-power-achievement-and-affiliation/

La Usina Mística. (2013, Abril 8). Siete prácticas esenciales. La Usina Mistica.https://lausinamistica.wordpress.com/2013/04/08/siete-practicas-esenciales/

Lazarus, R. S. (1994). Emotion and Adaptation (Reprinted.). Oxford University Press.

Lopez, A. (2016, Febrero 11). Maturana para principiantes: La biología del amar y del conocer. El Definido. Recuperado en Agosto 23, 2022 del enlace https://eldefinido.cl/actualidad/plazapublica/6480/Maturana-y-la-Biologia-del-Amar-y-del-Conocer/

Malhotra, G. (2019, Noviembre 21). What is ADKAR Model for Change Management? (2023). What fix. Recuperado en Julio 14, 2022 del enlace https://whatfix.com/blog/adkar-model-what-is-it-and-how-to-use-it/

Maslow, A. H. (2011). Hierarchy of Needs: A Theory of Human Motivation. www.all-about-psychology.com.

Mayoer, J. D. (2004). Emotional Intelligence: Key Readings on the Mayoer and Salovey Model (M. A. Brackett & P. Salovey, Eds.). National Professional Resources, Inc.

Mentes Abiertas Psicología. (n.d.). La pirámide de necesidades de Maslow - Psicólogos a tu alcance en Madrid Capital. Mentes Abiertas Psicología. Recuperado en Julio 12, 2022 del enlace https://www.mentesabiertaspsicologia.com/blog-psicologia/blog-psicologia/la-piramide-de-necesidades-de-maslow

Neff, K. (2011). Self-Compassion: The Proven Power of Being Kind to Yourself (Reprinted.). HarperCollins e-books.

Notaras, K. (2020). The Book You Were Born to Write: Everything You Need to (Finally) Get Your Wisdom Onto the Page and Into the World. Hay House.

Papa, Y. (2018, Diciembre 9). Desarrolla tu fuerza interior. La Mente es Maravillosa. Recuperado en Septiembre 7, 2022 del enlace https://lamenteesmaravillosa.com/desarrolla-tu-fuerza-interior/

Paul Ekman Group. (2013, Mayo 15). About Paul Ekman. Paul Ekman Group. Recuperado en Agosto 22, 2022, del enlace https://www.paulekman.com/about/paul-ekman/

Peiró, R. (2021, Marzo 1). Autoconocimiento - Qué es, definición y concepto | 2023. Economipedia. Recuperado en Julio 16, 2022 del enlace https://economipedia.com/definiciones/autoconocimiento.html

Pérez Porto, J., & Gardey, A. (2009, Enero 15). Definición de abierto - Qué es, Significado y Concepto. Definición.de. Recuperado en Agosto 17, 2022 del enlace https://definicion.de/abierto/

Puerto, M. C. (2020, Junio 16). Autoconocimiento: un camino difícil repleto de satisfacción. La Mente es Maravillosa. Recuperado en Julio 16, 2022 del enlace https://lamenteesmaravillosa.com/autoconocimiento-un-camino-dificil-repleto-de-satisfaccion/

RAE. (n.d.). Ensimismamiento | Definición | Diccionario dela lengua española | RAE - ASALE. Diccionario de la lengua española. Recuperado en Marzo 8, 2023 del enlace https://dle.rae.es/ensimismamiento

Religión y creencias. (n.d.). Le Conseil de l'Europe. https://www.coe.int/es/web/compass/religion-and-belief

Reyes, A. (2016, Noviembre 3). Diferencia entre emoción y sentimiento. Psicoemocionat. Recuperado en Agosto 22, 2022 del enlace https://www.psicoemocionat.com/6-diferencias-entre-emociones-y-sentimientos/

Rodríguez, E. M. (2022, Febrero 1). La teoría de las necesidades de McClelland. La Mente es Maravillosa. Recuperado en Julio 12, 2022 del enlace https://lamenteesmaravillosa.com/la-teoria-de-las-necesidades-de-mcclelland/

Rosenberg, M. B. (n.d.). What is Non violent Communication? Center for Nonviolent Communication. Recuperado en Septiembre 26,2022 del enlace https://www.cnvc.org/learn-nvc/what-is-nvc

Rosenberg, M. B. (2012). Living Non violent Communication: Practical Tools to Connect and Communicate Skillfully in Every Situation. Sounds True.

Rosenberg, M. B. (2015). Nonviolent Communication: A Language of Life: Life-Changing Tools for Healthy Relationships (3rd ed.). Puddle Dancer Press.

Sabater, V. (2015, Abril 1). El autoconocimiento, la auténtica clave de la felicidad. La Mente es Maravillosa. Recuperado en Julio 16, 2022 del enlace https://lamenteesmaravillosa.com/el-autoconocimiento-la-autentica-clave-de-la-felicidad/

Scarantino, A., & De Sousa, R. (2021). Emotion. In E. N. Zalta (Ed.), The Stanford Encyclopedia of Philosophy (Summer 2021 ed.). Metaphysics Research Lab, Stanford University. https://plato.stanford.edu/entries/emotion/

Significados. (2017, Enero 25). Significado de Autoconocimiento (Qué es, Concepto y Definición). Significados. Recuperado en Julio 16, 2022 del enlace https://www.significados.com/autoconocimiento/

Smith, D. W. (2018). Phenomenology. In E. N. Zalta (Ed.), The Stanford Encyclopedia of Philosophy (Summer 2018 ed.) Metaphysics Research Lab, Stanford University. https://plato.stanford.edu/entries/phenomenology/

Snyder, C. R. (1994). The Psychology of Hope: You Can Get There del enlace Here. Free Press.

Strauss, C., Lever Taylor, B., Gu, J., Kuyken, W.,Baer, R., Jones, F., & Kate. (2016). What is compassion and how can we measure it? A review of definitions and measures. Clinical Psychology Review,47, 15-27. https://www.sciencedirect.com/science/article/pii/S0272735816300216

Thomen, M. (2019, Junio 19). Daniel Goleman: Biografía, Teoría de la Inteligencia Emocional y Libros. Psicología-Online. Recuperado en Agosto 23, 2022 del enlace https://www.psicologia-online.com/daniel-goleman-biografia-teoria-de-la-inteligencia-emocional-y-libros-4623.html#anchor_0

Walsh, R. (2000). Essential Spirituality: The 7 Central Practices to Awaken Heart and Mind. Turner Publishing Company.

Whitney, D. K., & Cooperrider, D. L. (2005). Appreciative Inquiry: A Positive Revolution in Change (1st ed.). Berrett-Koehler.

Wikipedia Contributors. (2022, Mayo 13). Fenómeno. Wikipedia. Recuperado en Agosto 3, 2022 del enlace https://es.wikipedia.org/wiki/Fen%C3%B3meno

Wikipedia contributors. (2022, Agosto 5). Humberto Maturana. Wikipedia, La enciclopedia libre. Recuperado en Agosto 23, 2022 del enlace https://es.wikipedia.org/wiki/Humberto_Maturana

# Créditos de Ilustración

**Portada**

*Ilustrada por Alejandra Díaz y Fernanda Jiménez.*
  *Logo ilustrado por Julia Elena Román Chávez*

**Capítulo 1**

- *Figura 1.1 Ilustrado por Alejandra Díaz y Fernanda Jiménez.*

- *Figura 1.2 Ilustrado por Alejandra Díaz y Fernanda Jiménez.*

- *Figura 1.3 Ilustrado por Alejandra Díaz y Fernanda Jiménez.*

- *Figura 1.4 Jerarquía de las necesidades. Ilustrada por Alejandra Díaz y Fernanda Jiménez. Adaptada del Modelo de las necesidades según Abraham Maslow, Ph.D. en su libro "Hierarchy of Needs: A Theory of Human Motivation"*

**Capítulo 2**

- *Figura 2.1 Ilustrado por Alejandra Díaz y Fernanda Jiménez.*

- *Figura 2.2 Ilustrado por Alejandra Díaz y Fernanda Jiménez.*

- *Figura 2.3 Ilustrado por Alejandra Díaz y Fernanda Jiménez.*

- *Figura 2.4 Proceso de aceptación del cambio. Creada por las autoras. Ilustrada por Alejandra Díaz y Fernanda Jiménez. Inspirada en la teoría de Elizabeth Kubler Ross*

- *Figura 2.5 Modelo ADKAR. Creada por Rosa Estela Mendoza. Ilustrada por Alejandra Díaz y Fernanda Jiménez. Adaptada del* modelo ADKAR que fue creado por Jeffrey Hiatt de la organización Prosci.

- *Figura 2.6 Capacidades para el cambio. Creado por las autoras.*

- *Figura 2.7 Indagación Apreciativa creada por las autoras e inspirada por la teoría de* David L. Cooperrider y Diana Whitney en el libro *Appreciative Inquiry: A Positive Revolution in Change.*

## Capítulo 3

- *Figura 3.1 Ilustrado por Alejandra Díaz y Fernanda Jiménez.*

- *Figura 3.2 Ilustrado por Alejandra Díaz y Fernanda Jiménez.*

- *Figura 3.3 Ilustrado por Alejandra Díaz y Fernanda Jiménez.*

- *Figura 3.4* Los seis pilares de la autoestima. Ilustrada por Alejandra Díaz y Fernanda Jiménez. Inspirada por la teoría del Dr. Nathaniel Branden en su libro *Los seis pilares de la autoestima.*

## Capítulo 4

- *Figura 4.1 Ilustrado por Alejandra Díaz y Fernanda Jiménez.*

- *Figura 4.2 Ilustrado por Alejandra Díaz y Fernanda Jiménez.*

- *Figura 4.3 Ilustrado por Alejandra Díaz y Fernanda Jiménez.*

- *Figura 4.4 Fenomenología. Creado por las autoras basadas en el artículo de Smith, David Woodruff, "Phenomenology", The Stanford Encyclopedia of Philosophy*

## Capítulo 5

- *Figura 5.1 Ilustrado por Alejandra Díaz y Fernanda Jiménez.*

- *Figura 5.2 Ilustrado por Alejandra Díaz y Fernanda Jiménez.*

- *Figura 5.3 Ilustrado por Alejandra Díaz y Fernanda Jiménez.*

## Capítulo 6

- *Figura 6.1 Ilustrado por Alejandra Díaz y Fernanda Jiménez.*

- *Figura 6.2 Ilustrado por Alejandra Díaz y Fernanda Jiménez.*

- *Figura 6.3 Ilustrado por Alejandra Díaz y Fernanda Jiménez.*

- *Figura 6.4 Diferencias entre emociones, sentimientos y estados de ánimo. Creado por . Ilustrado por Alejandra Díaz y Fernanda Jiménez.*

- *Figura 6.5 Inteligencia emocional. Creado por las autoras inspiradas por la teoría de Brackett, Salovey y Mayer (2004) en su libro "Emotional Intelligence: Key Readings on the Mayer and Salovey Model"*

- *Figura 6.6 Los cinco aspectos de la inteligencia emocional. Creado por las autoras basadas en la teoría de Daniel Goleman en su libro*

*"La inteligencia emocional" Ilustrado por Alejandra Díaz y Fernanda Jiménez*

## Capítulo 7

- *Figura 7.1 Ilustrado por Alejandra Díaz y Fernanda Jiménez.*

- *Figura 7.2 Ilustrado por Alejandra Díaz y Fernanda Jiménez.*

- *Figura 7.3 Ilustrado por Alejandra Díaz y Fernanda Jiménez.*

- *Figura 7.4 Componentes de la compasión. Ilustrado por Alejandra Díaz y Fernanda Jiménez. Inspirado en la teoría la Dra. Clara Strauss en el artículo* "What is compassion and how can we measure it? A review of definitions and measures." *Clinical Psychology Review, 47, 15-27.*

- *Figura 7.5 Componentes de la autocompasión. Ilustrado por Alejandra Díaz y Fernanda Jiménez. Inspirado en la teoría de la Dra. Kristin Kneff en su libro "Self-Compassion: The Proven Power of Being Kind to Yourself."*

## Capítulo 8

- *Figura 8.1 Ilustrado por Alejandra Díaz y Fernanda Jiménez.*

- *Figura 8.2 Ilustrado por Alejandra Díaz y Fernanda Jiménez.*

- *Figura 8.3 Ilustrado por Alejandra Díaz y Fernanda Jiménez.*

- *Figura 8.4 Siete pasos para el desarrollo del poder interior. Creado por las autoras. Ilustrado por Alejandra Díaz y Fernanda Jiménez. Inspirado en la teoría de Tae Yun Kim en su libro "Seven Steps to*

*Inner Power: A Martial Arts Master Reveals Her Secrets for Dynamic Living.*"

## Capítulo 9

- *Figura 9.1 Ilustrado por Alejandra Díaz y Fernanda Jiménez.*

- *Figura 9.2 Ilustrado por Alejandra Díaz y Fernanda Jiménez.*

- *Figura 9.3 Ilustrado por Alejandra Díaz y Fernanda Jiménez.*

## Capítulo 10

- *Figura 10.1 Ilustrado por Alejandra Díaz y Fernanda Jiménez.*

- *Figura 10.2 Ilustrado por Alejandra Díaz y Fernanda Jiménez.*

- *Figura 10.3 Ilustrado por Alejandra Díaz y Fernanda Jiménez.*

- *Figura 10.4 Modelo de la comunicación no violenta. Creado por Dr. Carmen Román. Ilustrado por Rosmary Gómez. Basado en la teoría de Marshall* Rosenberg en el libro *Nonviolent Communication: A Language of Life: Life-Changing Tools for Healthy Relationships* (3rd ed.). Puddle Dancer Press.

## Capítulo 11

- *Figura 11.1 Ilustrado por Alejandra Díaz y Fernanda Jiménez.*

- *Figura 11.2 Ilustrado por Alejandra Díaz y Fernanda Jiménez.*

- *Figura 11.3 Ilustrado por Alejandra Díaz y Fernanda Jiménez.*

# Sobre las autoras

Cuando te comprometes contigo mismo(a) puedes ver cómo los demás siguen tu ejemplo. Esto nos lo recuerda la Dra. Carmen Román, quien es psicóloga clínica y creadora de contenido. Ella enseña habilidades de salud mental, alcanzando con sus podcasts y videos a personas en más de 90 países. Con dos maestrías y un doctorado en psicología, por más de 30 años ha ayudado a sus clientes a aliviar la ansiedad, el trauma o la depresión, además de prevenir el síndrome del agotamiento.

Cuando te das cuenta de que dentro de las preguntas que te haces está la respuesta que buscas, has logrado escuchar a tu corazón. El objetivo de la maestra Rosa Estela es que las personas consigan hacer significativos sus aprendizajes para dar a sus vidas una mirada fresca y con apertura al cambio. Con maestría en Desarrollo Humano, especialidad en Coaching Ontológico y 25 años de experiencia en Capacitación Empresarial, ha apoyado a las personas a confiar en sus fortalezas para enfrentar desafíos tanto laborales como personales.

Visítalas en su sitio web www.EmotionsinHarmony.org o su canal de YouTube Armonía Emocional.

# Otros recursos de las autoras

Qué gusto que hayas llegado hasta el final de este manual. Ya te diste cuenta de que eres capaz de crear tu realidad y ponerte como prioridad. Ahora promueve que otras personas también transformen su mundo, compartiendo los beneficios que te ha traído a ti este manual.

Te invitamos a seguir el camino con nosotras, ya sea siendo parte de nuestra academia, subscribiéndote al boletín, o al canal de YouTube y escuchando nuestros podcasts. También nos puedes encontrar en Instagram, Facebook, e Insight Timer. ¡Solo escanea este código!

www.ingramcontent.com/pod-product-compliance
Lightning Source LLC
Chambersburg PA
CBHW051205120626
46547CB00013B/1210